KB059409

미래
시민
의
조건

미래 시민의 조건

지은이	로버트 파우저
펴낸이	박숙정
펴낸곳	세종서적(주)

주간	강훈
기획	윤혜자
편집	이진아 김하얀
디자인	전성연 전아름
마케팅	안형태 김형진 이강희
경영지원	홍성우 윤희영

출판등록	1992년 3월 4일 제4-172호
주소	서울시 광진구 천호대로132길 15, 세종 SMS 빌딩 3층
전화	마케팅 (02)778-4179, 편집 (02)775-7011
팩스	(02)776-4013
홈페이지	www.sejongbooks.co.kr
블로그	sejongbook.blog.me
페이스북	www.facebook.com/sejongbooks
원고 모집	sejong.edit@gmail.com

초판 1쇄 발행 2016년 3월 28일
　　2쇄 발행 2018년 6월 4일

ISBN 978-89-8407-551-1 03300

ⓒ 로버트 파우저

이 도서의 국립중앙도서관 출판예정도서목록(CIP)은 서지정보유통지원시스템
홈페이지(http://seoji.nl.go.kr)와 국가자료공동목록시스템(http://www.nl.go.kr/kolisnet)에서
이용하실 수 있습니다. (CIP제어번호: CIP2016007013)

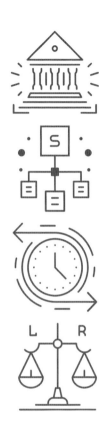

미래
시민의
조건

한국인이 알아야 할
민주주의 사용법

로버트 파우저 지음

들어가면서

한국에 살면서 자주 받는 질문이 몇 개 있다. "한국엔 어떻게 오셨어요?"는 물론 "한국이 살기 좋아요?" 또는 "한국이 좋으세요?"라는 등의 질문이 그것들이다. 항상 '좋다'고 대답하는데, 듣는 사람은 그 대답을 못믿겠다는 듯한 눈빛으로 추가로 질문한 적이 많았다. 그럴 때는 좋다고 거듭 이야기하면서 불편한 점도 솔직히 털어놓았다.

2014년 8월, 한국을 떠나 29년 만에 다시 미국에 살게 되었다. 고향 앤아버(Ann Arbor)에 정착하면서 한국 생각이 자주 났다. 2014년 초에 시작했던 「코리아헤럴드」 칼럼을 계속 투고했기 때문에 한국 관련 뉴스를 챙겨 보며 또 다른 소식을 궁금해했다. 그 와중에 한국에서 자주 받았던 질문이 떠올랐다.

한국에 사는 동안 한국이 '좋다'는 생각은 조금도 변하지 않았지만, 많은 한국 사람이 자기 나라를 좋지 않게 생각하는 것 같아 안타까웠다. 그리고 한국에 살 때 바쁘게, 즐겁게 살면서 느끼지 못한 점이 많다는 것을 깨달았다. 어느 나라든 그렇지만, 그 안에서보다는 밖에서 볼 때 더 객관적으로 볼 수 있게 된다.

고향에 돌아와서 그런지 옛날 생각이 많이 났다. 부모님은 이미 돌아가시고 혼자 앤아버에 살게 되었는데 외로운 순간이 많았다. 옛날 살았던 집, 눈에 익숙한 시내 거리, 미시간대학교를 다닐 때 수업 들었던 건물 등 어딜 가든 내 생활의 흔적을 많이 발견할 수 있었다. 그런데 옛날을 생각하면 한국도 같이 떠올랐다. 처음 한국 땅을 밟았던 1982년 당시 나는 미시간대 2학년을 마친 학생이었다. 집에서 시내로 나가는 길에는 대학원 때 친해진 한국 유학생이 살았던 연립 주택이 있는데 그 앞을 지나가던 중에 옛날 기억을 떠올리면서 한국과 인연이 깊다는 것을 다시 한 번 느꼈다.

그리고 30년 넘게 한국과 소통하면서 경험하고 느낀 것, 앤아버에서 바라본 한국의 현황에 대한 책을 쓰고 싶었다. 그런데 한국에 대한 책을 쓰기로 결심한 순간부터 슬슬 걱정이 되기 시작했다. 가장 먼저 드는 걱정은 외국인으로서 한국에 대해 한국어로 책을 쓰는 것은 어떤 행위인가 하는 것이었다. 한국을 대외적으로 소개하고 설명하는 책이라면 당연히 영어로 쓸 것이다. 그런데 이 책은 한국어로 썼기 때문에 독자층은 한국 사람이 될 것이다. 그렇게 되면 또 하나의 '외국인이 본 한국' 책이 될 텐데, 가볍게 생각할 만한 문제는 아니었다. 특히 내가 미국 사람이기 때문에 더욱 어려운 문제였다. 한국은 제국주의의 피해를 입은 나라 중 하나이고, 미국은 그 제국주의적 세력 중 하나이기 때문이다. 이러한 사실은 늘 내 머릿속을 떠나지 않는다.

무엇보다 나에게 가장 큰 문제는 한국을 논의하는 태도이다. 보통 '외국인이 본 한국' 관련 책은 건설적인 의견보다 한국 독자에게 자극을 주는 의견 중심으로 쓰여 있다. 어떤 저자는 자신의 나라와 한국을 비교하면서 한국을 낭만적으로 칭찬하거나 비판적으로 평가하는데 책을 읽고 나면 남는 것이 없다는 생각이 든다. 그리고 저자가 사회적 자본을 활용해 자신을 위대한 자리에 올려놓고 무언가를 지도하려는 입장으로 쓴 경우에는 한국과의 깊은 소통을 가로막게 된다. 먼 '외국인' 입장에서 한국을 보기 때문에 한국이 '타자'가 되어 그 속에서 우월감을 느낄 수도 있다.

그리고 오리엔탈리즘 문제도 있다. 여기서 언급한 오리엔탈리즘은 20세기 학자 에드워드 사이드(Edward Said, 1935~2003)가 『오리엔탈리즘』에서 제시한 문화 이론이다. 이 이론에 따르면 서양 학자, 문인, 예술가 등은 중동(유럽의 동쪽이어서 전통적으로 '오리엔트'라고 부른다)이나 동양 문화를 신비한 타자로 만들어 편향적으로 해석함으로써 서양 문화에 대한 우월감을 보여준다. 이렇듯 지나치게 '외국인의 입장'에서 한국을 생각하면 오리엔탈리즘에 빠지기 쉬우므로 늘 한국을 아끼고, 한국에 관심 있는 개인의 입장에서 생각하려고 한다.

그래서 책을 쓰기 전에 한국에 대한 생각부터 정리했다. 물론 한국에 대한 생각은 고정된 것이 아니라 시간과 경험에 따라 변하는 것이다. 하지만 나는 한국 사람과 개인적으로 관계할 때처럼 한국을 수평적으로 보려고 노력한다. 그러기 위해 한국 사람을 먼저 한국 사람으로 보지 않고 개인으로 보듯이 한국을 외국으로 보지 않고 아끼는 고향처럼 보려고 한다. 인생의 반 이상을 한국과 관계를 맺으며 살았기 때문에, 또 가장 오랜 친구 중에 한국 사람도 있고, 서울은 앤아버처럼 고향 같은 느낌이기 때문에 한국은 나와 가깝고 내가 아끼는, 어떻게 보면 사랑하는 주제이다. 그래서 이 책은 단지 한국에 대한 책이 아니라, 나와 한국의 인연 속에서 한국을 포용하는 태도로 쓴 미래에 대한 고찰이다.

책을 쓰기 전에 한국에 대한 태도를 이렇게 정리한 다음에는 내용을 고민하기 시작했다. 한국과 인연이 깊은 만큼 많은 이야기가 있지만, 고향에 돌아와 옛날의 '나'와 소통하면서 미래에 대한 생각도 많이 했다. 그 와중에 한국의 미래를 깊이 생각하면서 그에 대한 고찰을 쓰고 싶었다. 미래를 예측할 수는 없지만, 미래가 어떻게 되었으면 좋겠다는 비전은 이야기할 수 있다. 그리고 그 비전을 현실화하기 위해서 현황을 보고 제시한 비전과 비교하며 앞으로 나아갈 길을 논의할 수도 있다. 미래 비전은 사실 또는 진리가 아니라 미래에 대한 희망이며, 따라서 이 책은 미래에 대한 희망 이야기인 셈이다.

이 주제를 잡은 이유가 또 하나 있다. 2015년에 '헬조선'이라는 말이 등장했는데, 처음 듣자마자 무슨 의미인지 금방 알 수 있었다. 한국에 살 때도 그랬지만, 미국에서도 '헬미국'이라는 분위기를 은근히 느꼈기 때문이다. 2000년대에 들어오면서 낙관적인 1990년대가 퇴색하고 전 세계적으로 비관론이 확산되었다. 테러, 전쟁, 경제 성장 둔화, 기후 변화, 고령화와 같은 국가를 초월하는 '글로벌 문제(global issue)'가 등장하고 고착화하면서 시대가 점차 어두워졌다. 20세기에 설립했던 국제기구나 각국의 정치·사회 제도가 새로운 문제에 대응하지 못해서 정치에 대한 신뢰가 떨어지고 그에 따른 변화의 요구가 높아졌다.

결국 '헬조선'은 이 시대의 어두운 현실을 반영하는 것이다. 한 권의 책에서 전 세계적 문제를 다루지 못하기 때문에 한국만의 고유한 문제나 한국이 스스로 해결할 수 있는 문제를 압축하기로 했다. 이러한 논의를 펼쳐나가면서 한국이 민주화 성과를 존중하면서 민주주의를 더욱 심화할 때 어려운 문제를 해결할 수 있는 능력을 갖춘 열린사회를 만들 수 있다. 이를 실현하기 위해선 국가라는 공동체 안에 살고 있는 '국민'의 사고에서 공동체 주인으로서 책임 있는 '시민'으로의 의식 전환이 필요하다. 사고의 전환은 쉬운 일이 아니지만, 20세기 전반에 나라를 빼앗긴 한국이, 그리고 21세기 초까지 선진 민주 국가로 발전한 한국이 더 밝은 미래를 열 수 있으리라 믿고 있다. 이런 믿음은 단순한 책상머리에서 생긴 것이 아니라 1982년 한국과 인연을 맺을 때부터 한국의 발전을 지켜보고 피부로 느낀 경험에서 생긴 것이다. 그리고 이렇게 오랜 세월에 걸쳐 쌓인 경험과 애정을 바탕으로 고민한 한국 민주주의의 방향에 대한 논의가 한국의 밝은 미래에 대한 디딤돌이 되길 희망한다.

차례

제1장

시민이란
무엇인가?

1963년 제5대 대통령 선거 투표를 하기 위해 줄을 서서 기다리고 있는 서울 시민들
(출처: 국가기록원, 관리번호: CET0045284)

시민의 탄생

- - - - - - - - - - - - - - - - -

뉴스를 보면 '국민'이라는 말이 자주 들리고 1990년대 말부터 '네티즌'이라는 말도 자주 들리게 되었지만 '시민'이라는 말은 잘 들리지 않는다. 지역 이야기를 하면 시민보다 '주민'이라는 말이 많이 들린다. 선거철에는 '유권자'라는 말이 많이 들리고 사회 문제를 논의할 때는 '서민'이라는 말도 많이 들리는데 '시민'은 왠지 좀처럼 듣기 어렵다. 그러나 시민 한 개인은 민주주의의 기반이라고 할 만큼 중요하기 때문에 '시민'이라는 개념에 대한 이해 없이는 민주주의에 대한 논의가 불가능하다.

그런데 시민이 무엇인지 알기 위해서는 먼저 시민이라는 단어의 역사부터 시작하는 것이 바람직하다. '시민'이라는 말의 한자는 '市民'인데, '市'는 도시 또는 시장을 의미하고 '民'은 백성을 의미한다. 즉 '시민'은 '도시에서 활동하는 백성'이다. 그러나 20세기까지 인간은 도시보다 농촌에 많이 살았는데 어떻게 도시로 한정했을까?

'시민'은 서양의 정치 개념을 표현하기 위해 19세기 말부터 쓰기 시작한 단어이다. 영어로는 'citizen'이며, '도시 또는 마을 공동체에 사는 사람, 특히 권리를 갖는 사람'이라는 의미이다. 즉 시민은 도시라는 물리적 공간에 사는 사람으로 끝나는 게 아니라 그 물리적 공간에서 형성된 공동체에 대한 권리와 책임이 있다. 이 개념의 뿌리는 그리스의 도시 국가인 아테네에서 기원전 5세기에 발생했는데, 이때는 지배 엘리트 남성만 시민으로 인정했으며, 법안 또는 국가 행정에 직접 투표할 권리가 있었다. 아테네는 역사상 첫 번째 민주 국가로서 시민 개념의 '도시'는 아테네의 민주주의 역사를 반영하고 있다.

아테네의 정치 체제가 직접 민주주의였다고 하지만, 그리스의 유명한 철학자는 비판적이었다. 소크라테스는 아테네 사회에 대한 문제의식을 갖고 토론을 벌인 것으로 유명했으나 스파

르타와의 전쟁으로 긴장했던 아테네 상류층은 소크라테스에 대한 반감을 품었다. 결국 사회 안정에 부정적인 영향을 끼친 다는 이유로 체포당하고, 재판에서 사형 판결을 받은 지 한 달 뒤 감옥에서 죽었다. 플라톤 역시 직접 민주주의를 강력히 비판했다. 그는 유명한 정치 철학서인『국가』에서 스승 소크라테스와 대화하는 식으로 정의로운 다섯 개의 정부 형태를 논의했다. 그 순위를 보면 현명한 왕이 이끌어가는 철인 정치가 첫 번째이고, 그다음으로 자본이 지배하는 금권 정치, 권력을 가진 소수가 지배하는 과두 정치, 시민에게 주권이 있는 민주 정치 순이고 독재자가 지배하는 참주 정치가 마지막이다. 여기서 민주주의는 맨 아래인 참주 정치보다 한 단계 위에 있지만 바람직한 정부 형태는 아니라는 것이다. 플라톤이 보기에 민주주의의 가장 큰 문제는 무식한 시민 대다수가 사회를 지배하는 것이다. 소크라테스의 판결을 본 플라톤의 주장에 의하면, 시민 대다수의 판단을 믿지 못하고 이들이 사회를 지배할 경우 책임 없는 자유만 요구할 것이고 사회가 점점 혼란에 빠지는 무정부 상태로 끝난다. 근본적으로 플라톤은 인간이 평등하지 않다고 생각했으며, 따라서 민주주의의 가장 큰 단점은 평등해선 안 될 사람에게 권력을 평등하게 나누는 것이었다.

플라톤의 비판은 시민의 자질에 관한 것으로, 오늘날까지 계속 논란이 되고 있는 문제이다. 미국 헌법을 만든 사람은 시민 대다수가 무식하기 때문에 현명한 사람을 통해 민의를 반영하는 정부 제도가 바람직하다고 믿었다. 그래서 1789년 시행 헌법에 따르면, 시민이 직접 투표를 통해 뽑은 대표는 하원 의원과 지자체 정부밖에 없었다. 상원 의원은 각 주의 주지사가 지명했고 대통령은 간접 선거를 통해 선출되었다. 그리고 투표권이 있는 시민은 땅을 소유한 남성이었으며 대부분 백인이었다. 권력 분산과 균형이 잘되어 있는 미국 헌법은 얼핏 보았을 때 플라톤의 직접 민주주의에 대한 비판을 잘 반영한 것이다.

그런데 미국 헌법 시행 이후의 역사를 보면 시민에 대한 의식이 조금씩 변하면서 미국은 간접 민주주의에서 직접 민주주의로 바뀌어갔다. 그중 가장 큰 변화가 1863년 '노예 해방 선언'을 통한 노예 제도 금지, 1920년의 '미국 수정 헌법 제19조'를 통한 여성 투표권의 부여, 그리고 흑인 유권자의 억압을 금지한 '1965년 선거권법'이다. 이러한 변화를 통해 흑인과 여성을 비롯해 미국 시민권이 있는 모든 성인이 투표권을 갖게 되었다. 1913년에는 직접 선거를 통해 상원 의원을 뽑기로 헌법을 수정했지만, 대통령은 아직까지 간접 선거를 통해 뽑고 있다. 최근 2000년 대통령 선거의 경우 앨 고어 부통령이 표를 더 많이 받았는데도 조지 W. 부시가 선거 대의원의 과반수를 아슬아슬하게 확보하면서 대통령에 당선되었다. 그 후 선거 제도 개혁이 필요하다는 주장이 나왔지만, 직접 선거를 도입하려면 헌법을 수정해야 하기 때문에 쉬운 일이 아니다.

역사적 맥락은 많이 다르지만, 시민이 무식하다고 여긴 박정희 대통령은 독재 정권을 합리화하기 위해 '한국식 민주주의'를 주장했다. 어떻게 보면 '유신'이라는 말에는 현명한 왕이 사회를 지도하겠다는 의미도 포함되어 있다. 유신 체제하에서 대통령은 간접 선거를 통해 뽑았고 국회의 3분의 2는 대통령이 지명했다. 박정희가 암살을 당하고 정치적 혼란 속에 권력을 잡은 전두환도 간접 선거를 통해 대통령이 되었지만 박정희만큼 통치력이 없었고, 한국 내부에서는 민주화 운동이 가속화되었다. 그 결과, 1987년 대통령 직선제를 도입하고 1995년 지자체 선거를 도입함으로써 한국에서의 민주주의를 확대했다.

미국과 한국의 경우에는 투표권의 제한을 합리화하기 위해 시민의 자질에 문제가 있다는 명분을 활용했다. 또 투표권이 보편화되지 않은 수많은 국가에서 특정 계층을 배제하거나 투표권을 제한하기 위해 똑같은 명분을 활용한다. 투표권이 보편화된 국가에서는 정치적 이념의 갈등이 심해질 때 반대편 지지자는 무식하다고 주장하는 사람이 있다. 미국의 경우 2000년 대통령 선거 때부터 민주당과 공화당의 갈등이 계속 심해지면서 반대편을 감정적으로 공격하는 경우가 늘어났다. 예를 들면 공화당의 우파는 민주당의 좌파가 미국에 충실하지 않다고 공격하고, 민주당의 좌파는 공화당의 우파가 무식하다고 공격한다. 한국도 시간이 흐를수록 지역주의의 갈등에서 미국과 비슷한 정치 이념에 따른 갈등으로 변해가고 있다. 따지고 보면 이는 결국 반대편은 투표권을 행사할 수 있는 자질이 없다는 주장인데, 과거에 투표권을 제한하려는 주장과 유사하다.

민주주의의 함정

여기서 문제 되는 것은 직접 민주주의이다. 즉 직접 투표로 뽑힌 사람이 과반수를 얻어 '집권'했을 때 반대편에 대해서는 생각할 필요가 없다는 것이다. 미국의 정치적 갈등이 생긴 원인은 복잡하지만, 1998년 클린턴 대통령 탄핵이 큰 불씨가 되었다. 탄핵을 반대하는 여론 조사에도 불구하고 하원에서 아슬 아슬한 과반수를 가진 공화당은 억지로 밀어붙였다. 마찬가지로 2004년 노무현 대통령의 탄핵 역시 국민의 반대에도 불구하고 야당은 국회를 통해 억지로 통과시켰다.

그러나 간접 민주주의는 더 큰 문제가 있다. 가장 큰 문제가 민의를 무시하고 권력을 가진 소수가 지배하는 과두 정치가 형성되어 공화국이 제국으로 변한 것이다. 미국 헌법을 만든 사람들 중에 많은 이들이 하버드 칼리지(지금의 하버드 대학), 뉴저지 대학(지금의 프린스턴 대학), 킹스 칼리지(지금의 컬럼비아 대학) 그리고 윌리엄메리 대학을 졸업했다. 따라서 고대 그리스어와 라틴어를 읽을 수 있었기 때문에 고대 그리스·로마의 민주주의에 대한 지식이 있었고 두 민주 체제가 망한 이유에 대해 많이 공부하고 논의했다. 1776년부터 나오기 시작한 영국의 역사가 에드워드 기번(Edward Gibbon, 1737~1794)의 『로마 제국 쇠망사』도 잘 알고 있었다. 그런 까닭에 자신들이 만들려고 하는 민주 국가가 그리스·로마처럼 독재 중심의 제국으로 끝나리라는 것을 걱정했다.

직접 민주주의와 간접 민주주의의 단점을 극복하는 방법은 여러 가지가 있었는데, 미국 헌법을 만든 사람들은 권력 분산과 경계를 선택했다. 하원은 무식한 시민 대다수의 의견을 반영할 수 있기 때문에 권력을 제한해야 되지만, 당시의 상원은 아주 간접적으로 민의를 반영하기 때문에 영향력을 제한해야 된다(상원은 투표를 통해 뽑기로 1913년에 헌법을 수정했다). 그리고 영국과의 전쟁을 치르며 독립한 지 얼마 되지 않아 대통령이 왕처럼 독재로 나아갈 수 있기 때문에 경계해야 된다. 이외에도 국가와 종교의 분리 그리고 연방 행정부의 권력을 제한했다.

그러나 헌법상으로 아무리 권력을 분산하고 경계해도, 나라를 운영하는 것은 인간이기 때문에 완벽할 수 없다. 미국의 경우 의회와 대통령은 항상 긴장 관계에 있는데, 역사의 흐름을 보면 나라가 외부에서 위협을 받을 때 대통령의 힘이 커지고 내부적 발전을 우선할 때는 의회의 힘이 커진다. 1930년대 초의 대공황에서 소련과의 냉전이 끝난 1990년대 초까지는 대통령에게 힘이 있었지만 이후에는 의회가 강해져서 빌 클린턴이 대통령에 취임한 1993년부터 대통령이 소속한 정당이 의회 양원에서 과반수를 확보한 것은 8년밖에 없었고, 힘이 커진 의회는 1998년에 빌 클린턴 대통령을 탄핵하기까지 했다.

한국의 민주주의 역사는 미국보다 더 짧지만, 대통령의 힘 때문에 많은 어려움을 겪었다. 초대 대통령인 이승만은 선거를 통해 뽑았으나 임기 중에 독재로 변하고 결국에는 시민의 항쟁으로 물러났다. 그 후 쿠데타로 권력을 잡은 박정희는 권력을 더욱 집중하기 위해서 유신 헌법을 도입했다. 그다음은 전두환이 쿠데타를 통해 독재 정권을 세웠다. 1987년의 민주화 운동 이후 헌법상 대통령의 힘이 제한되었지만, 대통령이 바뀔 때마다 정책이 많이 바뀌므로 대통령의 힘이 아직도 너무 많다는 지적이 있다. 반면에 단임 5년제의 영향 때문에 대통령이 빨리 레임덕에 빠진다는 지적도 있다. 대통령의 힘과 역할에 대한 사회적 공감이 아직 약한 터라 대통령에 대한 불안과 두려움이 여전히 많다.

모범 시민의 필수 조건

미국 헌법을 만든 사람들 중 대다수가 대학을 졸업한 사람이었기 때문에, 이들은 교육을 통한 '시민 양성'을 꾀했다. 물론 교육은 연방 행정부의 책임이 아닌 까닭에 정책을 직접 도입할 수 없었지만, 헌법 초안을 쓴 제임스 매디슨(James Madison,

1751~1836)이 교육을 강조했고, 독립 선언서를 쓴 토머스 제퍼슨(Thomas Jefferson, 1743~1826)은 특히 더했다. 이들은 시민이 올바른 판단을 내리기 위해서는 교육이 필요하며, 정치에 대해 알고 참여하는 시민은 건강한 민주주의를 만드는 필수 조건이라고 여겼다. 뿐만 아니라 1796년에 조지 워싱턴은 대통령 고별사에서 '지식의 보급'이야말로 시민이 올바른 판단을 하기 위한 필수 조건이라고 강조했다. 미국의 공교육 전통이 이때 세워져, 1840년대부터 공교육 제도를 시작하고 19세기 후반에는 많은 주립 대학이 설립되었다.

프랑스 정치 철학가 알렉시 드 토크빌(Alexis de Tocqueville, 1805~1859)은 1830년대에 미국을 여행하고 나서 『미국의 민주주의』를 두 권으로 냈다. 1835년에 나온 제1권은 민주주의의 가능성에 대한 고찰이었고, 1840년에 나온 제2권은 시민 사회에 대한 고찰이었다. 1789년 프랑스 혁명 이후 민주주의가 실패한 원인을 미국에서 찾으려 했는데, 가장 큰 원인은 중산층 청교도(Puritan)에서 시작된 도덕성과, 개인의 권리 존중에서 찾을 수 있다. 그러나 미국 민주주의에 대한 전망은 밝지 않았다. 플라톤처럼 '다수의 폭정'에 의한 지배와 개인의 무관심 때문에 독재로 변할 수 있다고 걱정했다.

『미국의 민주주의』제2권에서 토크빌은 시민 단체의 활동 덕분에 민주주의가 제대로 기능하고 있다고 지적했다. 이외에도 종교의 중립과 그 종교에서 나오는 튼튼하면서 관대한 도덕도 중요하다. 그리고 사회 계층 간의 이동, 지역 정치의 발달 및 여성의 높은 사회 참여가 도움이 된다고 지적했다. 그중에서도 미국인이 자발적으로 시민 단체를 만들고 적극적으로 참여한다는 것은 민주주의가 기능하는 데 필요한 시민 의식이 발달해 있음을 의미했다.

민주주의 발전의 역사 속에는 그리스·로마 그리고 영국의 왕권이 제한받는 과정, 18세기 후반의 프랑스 자유주의 사상 그리고 세계사 여기저기에서 발생한 민주주의적 정부 형태가 있다. 민주주의의 긴 역사에서 나타나는 공통점은 그리스에서 논의했던 민의 전달 방법과 시민의 자질이 핵심이다. 민의를 그대로 반영하는 직접 민주주의는 가장 순수한 방법이지만, 그것이 제대로 기능하려면 시민의 책임감과 판단력을 사회적으로 양성하는 과정이 있어야 한다. 반면에 선택받은 집단이 민의를 파악하고 그것을 바탕으로 행동하는 간접 민주주의는 사회적으로 안전한 방법이지만, 소수의 지배층이 형성될 우려가 있기 때문에 시민의 참여로 경계해야 된다.

민주주의의 근본은 시민이 공동체의 주인이기 때문에 민주주의 성패와 미래가 시민의 손에 달려 있다. 지미 카터 민주당 후보는 1976년 대통령 선거에 나오면서 '시민만큼 좋은 정부'를 만들겠다고 약속했다. 다소 애매한 표현이지만, 이것은 시민의 중요성을 전달하는 말이다. 즉 시민이 '좋으면' 정부도 자연스럽게 좋아질 것이다. 또한 영어의 'idiot'(바보 또는 멍청이)는 고대 그리스어의 '무식한 사람'이라는 말에서 나왔다. 그리스에서 무식한 사람은 공동체에 대해 관심이 없고 공동체의 활동에 참여하지 않는 사람이다. 즉 시민으로서 공동체에 대해 관심을 가지지도 않고 참여하지 않는 사람은 바보라는 의미이다.

따라서 한국의 민주주의를 말하기 위해서는 결국 한국 시민의 자질을 논의해야 한다. 이 책이 역사를 다루면서 한국 시민의 자질에 관한 문제를 독자 여러분과 함께 나누고, 다각적인 시각에서 한국 민주주의의 미래를 함께 내다볼 수 있는 기회가 되었으면 한다.

제2장

19세기의
복잡한
사상 지도

1968년 소련 적색 제국주의의 체코 무력 침공 규탄 범국민 궐기 대회
(출처: 국가기록원, 관리번호: CET0031082)

자유주의의 진짜 얼굴

한국이 민주주의 사상을 만난 것은 19세기 말의 일이다. 그때
민주주의와 함께 다른 사상도 한국에 들어왔다. 그러므로 개
화기부터 한국이 겪어온 역사를 이해하려면 19세기의 사상적
흐름부터 이해해야 된다. 19세기는 우리가 살고 있는 현재의
패러다임과 그 패러다임에 대한 논쟁이 시작된 세기이다. 18세
기에 발달한 민주주의 사상과 자본주의 이론이 19세기의 산업
혁명으로 도전을 받으면서 새로운 사상인 공산주의와 사회주
의가 나타났고, 이때부터 생긴 바람직한 사회에 대한 이념적

갈등은 오늘날까지 계속되고 있다. 또한 18세기 말의 미국 건국과 프랑스 혁명의 영향을 받아 19세기에 나타난 민족주의는 19세기 후반부터 강화된 제국주의에 대한 저항으로 더욱 확산되었으며 지금까지도 여전히 영향력이 강하다.

여기서 중요한 것은 민주주의적 사회에서 갖춰야 할 시민의 자질에 대한 해석이다. 앞에서 지적한 것처럼 오늘날 벌어지는 여러 사회적 논쟁은 19세기의 산업 혁명과 국가적 제국주의에서 찾을 수 있는데, 크게 보면 개인의 자유와 해방을 중시하는 사상과, 집단의 힘과 번영을 중시하는 사상의 대립이다. 그것은 '자본주의 대 사회주의' 또는 '제국주의 대 민족주의'의 단순한 정치적 구호를 초월한다. 여기서 관심 있는 것은 각 사상에서 말하는 시민관이 무엇인지, 그리고 시민의 역할이 무엇인지에 대한 답이다.

개인의 자유를 주장하는 19세기의 대표적 사상 중 하나가 자유주의이다. 지금은 자유주의 하면 정치적 보수를 떠올리지만, 18~19세기에는 그렇지 않았다. 왕권이 강했던 18세기의 자유주의는 귀족제, 왕권 신수설, 전제 군주제, 국가 종교에 반대하고 민주주의와 법치주의를 지지했다. 17세기의 유명한 영국 철학자 존 로크(John Locke, 1632~1704)가 제시한 '사회 계약설'에 따르면 생명, 자유 그리고 사유 재산은 하느님이 준 '자연권'이다. 개인은 공동체를 만들면서 이 권리 일부를 양보하고, 공동체는 넘겨받은 권리를 이용해 개인을 존중하고 보호해야 된다. 따라서 개인이 양보한 권리 외에 생명, 자유 그리고 사유 재산을 침해하는 정부를 타도해야만 개인의 권리를 보호할 수 있다. 로크의 사상은 미국 독립 선언에 큰 영향을 미쳤고, 정부의 힘을 분산하고 경계해야 된다는 전통은 여기에 뿌리를 두고 있다.

그러나 19세기 후반부터 자유주의가 개인의 자유를 더 강조하는 '자유방임주의' 쪽으로 기울고 급격히 이루어진 산업 혁명의 부작용이 나오면서 정부에 대한 시각이 달라졌다. 자유주의 내부에서 영국의 정치 철학가 토머스 힐 그린(Thomas Hill Green, 1836~1882)은 자유를 새로운 시각으로 해석했다. 당시 유력한 '자유방임주의'는 개인이 정부 또는 다른 개인의 간섭에서 해방시키는 '비관적 자유' 대신 개인의 가능성과 꿈을 꿀 수 있는 자유 이론을 제시했다. 이에 따라 정부와 사회적 기관은 개인의 자유를 보호하면서 개인이 발달할 수 있는 환경을 마련해줄 의무가 있다. 사회는 이기주의적 개인이 고립해서 사는 것이 아니기 때문에 사회 구성원은 사회 전체의 공익을 위해 노력해야 된다. 그린의 이러한 생각은 20세기 초부터 당시 영국의 주요 정당인 자유당에 영향을 미쳐 이때부터 영국은 복지 정책을 도입하기 시작했다. 개인의 가능성을 존중하면 개인이 책임 있는 시민이 되리라는 기대도 있는데, 이는 플라톤이 주장했던 시민상과 유사한 점이 많다.

자유주의는 또한 평등, 관용 그리고 다원주의를 추구했다. 자유주의의 근본이 되는 자연권 사상에 따르면 모든 개인은 평등할 권리가 있으므로 법 앞에서는 모두 평등하다. 따라서 특정한 개인이 특권을 가지려고 하는 것은 다른 개인의 권리를 침해하기 때문에 특권은 사회 전체에 대한 공격으로 받아들인다. 개인을 기둥으로 보는 자유주의는 개인의 차이를 존중하고 여러 의견을 다원적으로 수용해야 한다. 현재 우리가 말하는 인권은 상당 부분 자유주의 사상을 그대로 반영한 것이다.

자본주의와 사회주의

그런데 19세기의 산업 혁명으로 인하여 시골에서 농사짓던 이들이 도시로 몰려들어 공장 노동자가 되면서 새로운 노동 계급이 생겨났다. 그 결과, 노동자는 매우 적은 임금을 받은 데 반해 공장주는 이들의 노동력을 바탕으로 많은 부를 모으면서 새로운 사회 계급인 신흥 부르주아가 생겼다. 산업 혁명의 발달에 따른 패러다임은 자본으로 생산 수단을 만들고 물건을 생산하는 데 필요한 재료와 노동을 사는 것이다. 이익은 판매비, 재료비 그리고 노동비가 중요한 변수인데, 여기엔 판매량도 빼놓을 수 없다. 이러한 패러다임은 지금도 그대로 이어져 값싼 노동력을 찾기 위해 해외로 진출하는 기업이 많고, 또 값싼 재료를 개발하거나 제공하려는 기업도 많다.

여기서 문제 되는 것은 다른 이들의 노동을 착취하여 생산 수단의 소유자가 이익을 보는 모순이다. 개인의 이익보다 공익을 강조하는 사상은 그 뿌리가 깊지만, 산업 혁명이 널리 퍼지면서 사회주의 사상이 영국, 미국 그리고 혁명 중인 프랑스에서 나타나고 18세기 초에는 자본주의에 대한 대안으로 정립되었다. 1776년에 출간한 『상식』으로 유명한 독립운동가 토머스 페인(Thomas Paine, 1737~1809)은 1797년에 펴낸 『농업 정의』에서, 좀 더 나은 사회를 위해서는 땅의 소유자로부터 세금을 거둘 의무가 있고, 그렇게 거둔 세금은 땅을 소유하지 않은 사람에게 기본 임금과 연금 형태로 나누어야 공평하고 정의로운 사회를 만들 수 있다고 주장했다. 같은 맥락에서 영국의 찰스 홀(Charles Hall, 1740~1825)과 토머스 스펜스(Thomas Spence, 1750~1814)는 사람들의 빈곤을 고발했고, 1775년에 스펜스는 『땅 소유가 모두의 권리이다(*Property in Land Every One's Right*)』에서 6개 원칙을 제시했다. 그 내용을 살펴보면, 1) 귀족제와 땅 소유 제도를 폐지하고, 2) '민주적 자치 단위'가 모든 땅을 소유하며, 3) 임대료는 공평해야 하고, 4) 여성을 포함한 보편적 투표권을 부여하고, 5) 일할 수 없는 사람을 위해 생활비를 지불하고, 6) 어린이의 권리와 삶을 보장하는 것이다. 혁명기 프랑스에서 철학자 앙리 드 생시몽(Henri de Saint-Simon, 1760~1825)은 사회를 일하는 산업 계급과 일하지 않는 귀족이나 영주 계급으로 나누면서, 건강한 사회는 귀족이나 영주를 없애고 모든 사람이 일한 만큼 혜택을 받아야 한다고 주장했다. 이후 영국의 사회주의 사상가 로버트 오언(Robert Owen, 1771~1858)이 노동자가 참여하는 협동조합 공동체를 통해 자본주의의 모순을 극복할 수 있다고 주장했다. 그는 1825년에 미국으로 건너가 인디애나 주 뉴하모니의 땅을 매입하여 평등한 공동체를 만들려 했지만, 2년 만에 실패로 끝났다.

초기 사회주의적 사상을 보면 자본주의의 모순을 극복하기 위해서 개인을 해방시키고 그들이 평등하게 참여할 수 있는 사회를 만드는 것이 목표였다. 그리고 혁명이나 정부의 개입을 통해서가 아니라 소규모 실험을 통한 풀뿌리 운동으로 사회적 패러다임을 바꾸는 것이었다. 19세기와 20세기에 사회주의는 여러 형태로 변했는데, 과거와 같은 혁명이 아니라 개인의 해방과 존중을 확립하기 위해 풀뿌리 운동을 통한 사회주의 실현에 기반을 둔 사회주의 사상을 오늘날의 정책과 정치적 활동에서 볼 수 있다. 2010년대 한국 대도시에서의 공동체 활동은 협동조합과 지역 산업 육성을 통해 좀 더 평등하게 부를 분배하는 것이 목표이다. 그리고 동시대에 확산된 공유 경제 개념에도 초기 사회주의의 기본적 사상이 들어가 있다.

초기 사회주의 이후 자본주의, 사유 재산, 사회 계급에 대한 시각차와 정치 운동 방법에 따라 다양한 사회주의 정파가 나타났지만, 근본적인 공통점은 개인의 이익보다 공익을 중시하고, 평등한 시민으로서 개인의 사회 참여가 중요하다는 것이다. 그런 점에서 사회주의 시민상은 그리스 아테네의 직접 민주주의와 비슷하다. 즉 시민은 자신이 사는 공동체 사회에 관심을 갖고 참여할 의무가 있으며, 여기에 참여하지 않은 사람은 무식하다. 오늘날 사회주의의 영향을 받은 진보 정치를 보면 정치에 별 관심을 갖지 않고 '말하지 않는 대다수'를 비판함으로써 상호 소통의 어려움을 보여주고 있다. 그런데 신기한 것은 사회주의 시민상은 알렉시 드 토크빌이 『미국의 민주주의』에서 논의한 1830년대 미국 시민의 활발한 사회 참여도와 유사하다는 점이다.

지금 한국에서는 자유주의를 보수주의의 일종으로 받아들이고 있기 때문에 초기 사회주의는 상식적으로 볼 때 크게 다른 듯싶지만, 기본적으로는 개인의 자유와 해방에 초점을 두고 있다. 정부와 사회 전체가 개인이 추구하는 자유·평등 과정의 개입을 경계하고, 거시적인 사회 구조보다 개인이 발전할 수 있는 사회적 환경에 관심을 둔다. 가장 큰 차이는 자본주의에 대한 시각이다. 자유주의는 사유 재산을 자연권 중 하나로 지정하고, 사회주의는 사유 재산을 다양한 방법으로 공익을 위해서 활용하려 한다. 20세기에는 자본주의를 통제하기 위해서 많은 선진국이 정부의 개입을 통해 부를 재분배하는 사회주의적 정책을 실시해왔지만, 20세기 말에 신자유주의가 등장하면서 정부의 개입을 경계하는 나라가 많아졌다. 2008년 세계 금융 위기 이후 자본주의를 다시 통제해야 된다는 주장이 힘을 얻어 신자유주의에 대한 재검토가 확산되었다.

20세기에 여러 선진국이 사회주의적 정책을 도입하기 시작했을 때 한국은 일본의 식민지였다. 그리고 해방 후에는 분단이 되고, 한국 전쟁을 치른 다음에는 독재가 나타났다. 쿠데타를 통해 집권한 박정희가 국가적 자본주의 모델로 공업화를 주도하면서 현재 한국 경제의 패러다임이 형성되었다. 1997년 경제 위기를 극복하기 위해 IMF의 요구대로 신자유주의적 정책을 도입했지만, 원래 사회주의적 정책이 약한 상태에서 자본주의와 사회주의의 균형을 이루기 어려웠고, 2010년대 복지에 대한 논의가 여기서 나왔다.

자본주의를 논의할 때는 반드시 공산주의라는 키워드가 나온다. 한국의 경우, 공산주의와 사회주의를 섞어서 논의할 때가 많지만, 자본주의의 모순을 다룬다는 공통점에도 불구하고 차이가 많다. 앞에서 논의했듯이 자본주의로 인한 빈부 격차와 노동자의 열악한 환경에 대한 대안으로서 사회주의가 자발적으로 발생했지만, 카를 마르크스(Karl Marx, 1818~1883)와 프리드리히 엥겔스(Friedrich Engels, 1820~1895)는 1848년의 『공산당 선언』에서 자본주의의 모순을 이론으로 정리했다. 이 책에 따르면, 모든 역사는 계급 갈등과 그에 따른 투쟁에서 생겨났으며 당시 유럽 사회는 소수의 자본가 계급인 '부르주아'가 다수의 노동자 계급인 '프롤레타리아'를 생산 수단의 독점과 자본의 집중으로 억압한다. 사회를 위한 생산이 사적 이익을 위해서 부르주아가 소유한다는 것은 '자본주의 모순'으로 규정하고, 이러한 모순을 해결하는 방법은 프롤레타리아 혁명을 통해 모든 재산을 장악한 뒤 사회의 공동 소유로 하는 것이라고 했다. 혁명 이후 완전한 공산주의로 이행하는 기간에 '프롤레타리아의 독재'가 있다.

『공산당 선언』은 또 앞에서 설명한 초기 사회주의 운동을 비판하며 부르주아 사회 안에서 사회주의를 실현하려는 것은 불가능하다고 주장했다. 그리고 초기 사회주의 운동은 미시적 측면이 강했지만 마르크스와 엥겔스는 노동 계급의 보편성을 강조하면서 공산주의 운동이 국가 또는 민족의 차이를 초월해야 한다고 주장했다.

19세기 후반에 확산되기 시작한 공산주의는 1917년 러시아에서 첫 번째 혁명을 이룩했다. 1920년부터 세계적으로 널리 퍼지면서 억압을 받았지만, 1949년에 중국에서 또다시 혁명을 이루었다. 1950년대부터 1980년대까지 자본주의와 민주주의를 바탕으로 건국한 미국 및 그 동맹국과의 긴장 속에 경쟁하다가, 기술 발달과 경제 성장이 따라가지 못해서 1991년 말 소련의 해체로 냉전은 끝났다. 오늘날은 중국을 비롯해서 베트남, 라오스, 쿠바 그리고 북한이 공식적으로 공산주의 국가이지만, 중국과 베트남은 경제 발전을 위해 자본주의를 많이 도입한 상태이다.

크게 보면 공산주의는 사회주의와 달리 개인의 해방보다 계급 해방에 더 관심이 있다. 사회주의에서의 계급은 객관적 분류이지만, 공산주의에서는 계급 투쟁 그리고 혁명이 이론의 핵심이다. 혁명 그리고 이후에 '프롤레타리아의 독재'를 주장하는 공산주의는 근본적으로 권력을 배제하지 않지만, 사회주의는 권력을 경계하면서 점진적인 개혁으로 사회를 변화시키려는 목표를 갖고 있다. 공산주의는 근본적으로 '집단의 힘과 번영'을 추구하는 사상이므로, 개인에 대한 관심이 없다. 따라서 시민 개인에 대한 관심도 없다. 대신 공산주의의 계급 해방을 통해 개인도 자연스럽게 해방될 것이다.

제국주의의 그늘

19세기 하면 제국주의를 피할 수 없다. 일반적으로 제국주의를 논의할 때는 유럽의 제국주의를 대상으로 삼는데, 이는 유럽에 국한된 사상이 아니다. 역사를 보면 수많은 제국들이 자국의 이익을 위해서 영토를 확장하려 했고, 그 과정에서 전쟁을 치르며 다른 민족을 지배하기도 했다. 첫 장에서 논의한 그리스가 알렉산드로스 대왕(기원전 356~323) 때 제국이 되고, 로마는 역사상 가장 큰 대국이었다. 고려 시대에는 한국을 지배한 몽골 제국이 역사상 면적이나 인구상으로 가장 큰 대륙 제국이었다. 절정기의 몽골 제국은 지구 면적 22퍼센트를 차지하고 인구 25퍼센트를 차지했다. 제국주의를 생각하면 식민지가 떠오르지만, 제국주의와 식민지주의는 차이가 있다. 제국주의는 한 국가가 먼 곳을 지배하는 것이고, 식민지주의는 먼 곳에 가서 새로운 공동체를 만드는 것이다. 예를 들면 19세기 영국의 인도 지배는 제국주의였고, 17세기 영국에서 청교도들이 북미로 건너가 새로운 공동체를 만든 것은 식민지주의였다. 그러나 식민지로 이동하여 남의 땅을 빼앗는 것도 제국주의적 행위이기 때문에 식민지주의는 제국주의의 하위 항목이 된다.

그런데 19세기 사상과 관련해서 관심 있는 것은 유럽의 '대항해 시대'부터 시작했던 제국주의이다. 15세기에 포르투갈과

스페인의 배가 아프리카, 인도 그리고 아메리카 대륙을 발견하고 16세기부터 식민지를 만들면서 영국, 프랑스 그리고 네덜란드가 아메리카 대륙을 중심으로 해외 식민지를 만들기 시작했다. 이때 식민지를 만든 명분이 바로 중상주의(重商主義)였다. 이 이론은 세계의 부(富)는 한정되어 있으므로 국가가 경제 관리를 통해 경쟁적 국가를 통제함으로써 부를 모을 수 있다는 것이다. 이러한 이유로 유럽 국가들은 위험을 무릅써가며 배를 타고 나아가 새로운 세계에서 부를 찾으려고 경쟁했다. 값싼 재료와 물건의 공급을 위해 무역을 독점하면서 식민지에 있는 부를 챙겼다. 그리고 이때는 지배국에서 식민지로의 인구 이동이 있었기 때문에 원주민을 사회 구성원으로 보지 않는 경우가 많았다. 그야말로 갈등과 전쟁을 부르는 이론인데, 영국은 새로운 세계인 북미에서 1755년부터 1763년까지 프랑스와 원주민 동맹을 상대로 전쟁을 치렀다. 결국 이 전쟁에서 승리함으로써 현재 미국 동부 지역 상당 부분을 영국이 통치하게 되었다. 또 '대항해 시대'에 세계적으로 유행한 기독교 선교 활동이 오늘날까지 여러 형태로 지속되고 있다.

그러나 18세기 말에서 19세기 초에 지배국과 갈등을 겪던 미국을 비롯하여 아메리카 대륙의 많은 식민지가 독립했다.

식민지의 독립, 프랑스 혁명과 나폴레옹 시대의 혼란, 산업 혁명 그리고 애덤 스미스(Adam Smith, 1723~1790)의 자유주의적 경제 이론이 등장하여 경제 패러다임이 바뀌면서 중상주의는 퇴색했다. 자유주의적 경제 이론의 중요한 부분 중 하나가 자유 무역이다. 자유주의적 경제 이론은 중상주의와 달리 경제 활동을 통해서 부를 만드는 것이라고 보기 때문에 노동력을 포함한 새로운 자원의 발견, 새로운 기술의 발명, 새로운 시장의 진출 등 여러 방법이 활용되었다.

새로운 경제 패러다임과 국제 질서에 맞춰 19세기 후반부터는 '신제국주의'가 등장했다. '대항해 시대'의 제국주의와 가장 큰 차이는 무역의 역할이다. 신제국주의 시대에는 지배국에서 생산된 제품을 공급할 시장이 필요했고, 식민지 확보 및 자유 무역을 통해서 시장을 만들어낼 수 있다. 생산은 지배국에서 하기 때문에 오늘날의 글로벌화와는 차이가 있지만, 시장의 개방성은 비슷하다. 1853년에 미국 대통령의 지시로 매슈 C. 페리(Matthew C. Perry, 1794~1858)가 일본을 개항시키기 위해 함대를 이끌고 간 것은 당시 무역의 중요성을 의미한다. 그리고 한국에서 일어난 1866년의 제너럴셔먼호 사건과 1871년의 신미양요는 미국의 자유 무역 압력 때문에 벌어진 것이다.

또 다른 중요한 차이가 지배국 안에서는 원주민의 이주가 많이 없었고, 통치 방법은 관료 조직에서 원주민을 제거하는 것이 아니라 이용하는 것으로 지배국에 협조하는 새로운 엘리트를 양성하는 것이었다. 이 정책은 '자유주의적 제국주의'라고 부를 수 있다. 이 정책을 시행하면서 제국주의에 반대하는 세력과 동조하는 세력이 분열되었다. 이러한 맥락에서 일제 강점기에 친일파와 반일파의 대립이 생겼고, 이는 오늘날까지도 한국 사회에 큰 영향을 미치고 있다. 20세기 후반에 아프리카와 아시아의 많은 식민지가 해방되면서 제국주의는 끝났다고 말하지만, 사실은 지배국을 동조하는 세력을 통해 지배가 연장되었다고 볼 수 있다. 그리고 반대 세력의 비민주성 때문에 지배국 시절보다 더 추악한 지배 구조가 생긴 경우도 있다.

제국주의는 공산주의와 마찬가지로 집단을 다루는 사상이며, 공산주의와 유사하게 집단 간의 갈등을 전제로 한다. 제국주의와 공산주의 모두 타자가 필요한데, 제국주의의 경우에는 통치 대상이 '야만적 민족'이고 공산주의는 부르주아 계급이다. 반면에 제국주의의 주류라고 할 수 있는 집단은 타자를 통치하려고 하는 '우수한 민족'이며, 공산주의에서의 주류는 프롤레타리아이다.

그리고 '우수한 민족'이 다스리는 제국주의에 맞서는 가장 힘 있는 사상이 민족주의인데 말 그대로 집단에 대한 사상이다. 그래서 19세기 '신제국주의' 시대도 민족주의 시대라고 하며 같은 언어, 같은 종교, 같은 가치관을 바탕으로 19세기 후반에 민족 국가가 형성되었다. 20세기에는 민족주의가 '남의 지배'에 맞서는 가장 힘 있는 원동력이 되었고, 21세기 초에 들어서도 그 영향력은 여전히 강하다.

집단의 힘과 번영을 중시하는 사상은 근본적으로 개인과 개인의 권리를 존중하는 민주주의와 충돌할 수밖에 없다. 개인이 집단 속에서 할 수 있는 일이라곤 집단의 결정을 따라가는 것인데 그 결정을 누가 내리는지 애매하다. 공산주의와 제국주의는 집단이 개인의 역할을 결정하고 개인에게 그 역할을 요구하지 않기 때문에 근본적으로 비민주적 사상이며, 따라서 여기에는 시민이 존재할 수 없다. 비민주적 사상은 인간의 자유와 그 속에서 나오는 가능성을 통제하고, 독재를 부른다. 제국주의에서의 지배국은 아무리 민주적이라 해도 식민지를 통치하는 일이 우선이어서 민주주의가 형성될 수 없는 환경이다.

19세기 초부터 오늘날까지 이어지는 역사를 보면 '개인의 자유와 해방' 사상과 '집단의 힘과 번영' 사상이 서로 경쟁하며 갈등하는 관계에 있었지만, '개인의 자유와 해방'을 중시하는 자유주의와 사회주의가 점차 확대되는 가운데 '집단의 힘과 번영'을 중시하는 공산주의, 제국주의 그리고 민족주의는 쇠퇴하고 있다. 20세기 말에 일어난 소련 붕괴, 유럽의 통합, 민주주의의 확산으로 인류 역사상 처음으로 '개인의 자유와 해방' 사상이 헤게모니를 갖게 되었다. 1992년에 프랜시스 후쿠야마 (Francis Fukuyama, 1952~)가 출간한 『역사의 종말』에서는 자유민주주의가 역사의 마지막 사회 형태이기 때문에 역사는 끝났다고 주장함으로써 1990년대 정신의 한 면을 보여주었다.

그러나 역사는 끝나지 않았고 이상향은 오지 않았다. 왜냐하면 자본주의 모순을 처리하는 문제에서 자유주의가 주장하는 개인의 이익과 공익을 주장하는 사회가 서로 균형을 이루지 못했기 때문이다. 민주 국가에서 자유주의와 사회주의의 균형을 지키는 것은 시민의 책임이다. 앞으로 한국에서 더 깊은 민주주의가 자리 잡기 위해서는 시민의 지속적인 관심과 판단이 필요하다. 다음 장에서는 1980년대에 내가 만났던 '한국'의 현재와 과제를 논의하면서 더욱 균형 있고 건강한 사회 그리고 그 사회 안에서 살아가는 민주 시민에 대한 논의를 하겠다.

제3장

좋은 나라를 향한 열망

1980년대 경험

1965년 한국 최초의 단지형 아파트인 마포아파트를 시찰하는 재야 인사
(출처: 국가기록원, 관리번호: CET0045300)

한국과의 첫 만남

내가 한국을 처음 접한 것은 대학 2학년을 마친 1982년 8월이
었다. 그때 미시간대학교의 긴 여름 방학 동안, 일본어를 연습
하기 위해 일본 친구 집에서 홈스테이를 하고 있었는데, 비자
없이 일본에 체류할 수 있는 기간은 3개월이었다. 그 기간이
끝나기 전에 출국해야 해서 한국을 8일간 구경하기로 했다. 당
시 많은 학생이 그랬던 것처럼 시모노세키(下関)에서 관부(関
釜) 페리를 타고 부산항에 갔다. 배를 타고 가는 동안 한일 간
의 문화 차이를 피부로 느꼈다. 손님 중엔 밀수하는 한국 아주

머니가 많았는데 큰 목소리로 이야기하며 웃고 떠드는 데 비해, 일본 사람은 무척 조용했다. 그리고 타인과의 관계에서도 적당한 거리를 지키는 일본 사람에 비해서 한국 사람의 스킨십은 인상적이었다. 고등학교를 졸업하고 멕시코에서 홈스테이를 할 때 다혈질이고 감정 표현을 잘하는 '라틴적' 문화를 접했는데, 한국 사람은 감정을 표현하는 게 라틴적이어서 내심 많이 놀랐다.

물론 그 아주머니들이 처음 만난 한국 사람은 아니었다. 당시 미시간대학교에는 한국 유학생이 많았고 대부분 국비 유학생이었다. 물론 이민자 출신의 한국계 미국인도 있었지만, 내 눈에는 그들보다 국비 유학생이 인상적이었다. 그들을 보면서 한국 사람은 대체로 부지런하고 조용하고 보수적이라고 생각했는데 부산항에서 그 생각이 깨졌다.

부산항에 도착해서는 택시를 타고 부산역으로 갔다. 휴가철이어서 그런지 기다리는 사람들이 많았고 분위기가 어수선했다. 영어 간판이 없어 한참을 헤매다가 'Foreign'이라는 간판이 보이기에 곧장 그쪽으로 갔다. 창구가 아닌 방이었는데 안으로 들어가서 서울에 가고 싶다고 말한 뒤 안내를 부탁했다. 기다리는 동안 직원이 자판기 커피를 아무 말 없이 줬다. "Thank you!" 하고 마셨다. 몇 분 후 다른 직원이 무궁화호 표 한 장을 가져오더니 영어로 차 시간과 타는 곳을 알려주며 빨리 가라고 했다. 한국에서 나눈 한국 사람과의 첫 대화였는데, '라틴적' 분위기보다는 친절함을 느꼈다. 일본의 꾸민 듯한, 의무적으로 하는 듯한 친절과는 다른 자발적 친절이었고 나중에 한국어를 배우고 나서야 그것이 '정(情)'이라는 것을 알았다. 일본은 당시 국철 시대였는데, 직원들이 무뚝뚝하고 무서웠다.

무궁화호에 올라 자리를 잡고 앉으니 뒷자리의 남학생이 말을 걸어왔다. 이야기를 나누다가 외국인 사이에 유명한 광화문의 대원여관(Inn Daewon)보다 자기 집이 더 안전하다며 나를 초대했다. 부산역에서 만난 '자발적 친절'을 또다시 만난 것이다. 덕분에 대방동에 있는 그 친구 집에서 7일 동안 즐겁게 보냈다. 그 친구와 함께 베란다에서 오랫동안 이야기하고 집에서 해주는 요리도 맛있게 먹었다. 두 동생과 같이 네 사람이 한 방에서 나란히 잤다. 게다가 그 친구의 소개로 부산에 있는 친척 집에서 하루 묵고 다시 배를 타고 일본으로 돌아갔다.

한국과의 첫 만남은 이렇듯 짧았지만, 그 라틴적 성격과 자발적 친절이 무척 인상 깊었고 매력적이었다. 그래서인가, 남은 여름 방학을 일본에서 보내고 미국에 돌아간 뒤에도 계속 한국이 떠올랐다. 아니, '한국'보다는 그 짧은 시간에 느낀 정 때문에 다시 한국에 가고 싶은 마음이 생겼다.

미시간대학교는 고등학교 때 대학과목선이수제(AP) 과정을 통해 얻은 학점과 여름 방학을 활용해 모은 학점 때문에 3년 만에 졸업할 수 있었다. 1983년 여름 학기를 마치고 졸업한 뒤 다시 한국에 갔다. 그리고 1년 동안 서울대 어학연구소(지금의 언어교육원)에서 한국어를 공부하기로 했다. 대학에서의 전공 이 일본어였기 때문에 한국어가 배우기 쉽다는 이야기를 자주 들었지만, 그보다는 정 많은 한국을 더 깊이 이해하고 싶었다. 미시간대학교에서 알게 된 한국 친구 집에서 홈스테이를 하게 되었고, 출국하기 전부터 한국의 정을 느꼈다.

모든 것이 경제를 위하여

그런데 1983년의 한국은 어떤 나라였을까? 한마디로 기대와 아픔으로 갈린 나라였다. 1982년, 서울에서 올림픽을 개최한 다는 IOC의 결정이 나면서 미래로 향하는 모습을 보여주는 나라였다. 많은 한국 사람과 대화하면서 느낀 바로는, 당시 한

국은 중진국이지만 올림픽이 끝나면 선진국에 진입할 거라는 기대가 컸다. 1983년에 미국 경제가 회복하기 시작했는데, 한국의 경제 성장이 다시 높아졌고 일반인은 개인적인 경제 상황도 앞으로는 좋아질 거라고 믿었다. 서울은 그 기대의 상징인 까닭에 지방에서 서울로 이사하는 사람이 많았다. 고속버스를 타면 반대 차선에 서울로 이사 오는 보따리로 가득한 화물 트럭밖에 안 보였다. 서울은 지하철 공사로 바빴고 강남은 빠르게 커지고 있었다. 지하철뿐만 아니라, 서울이라는 도시 전체가 공사 현장이었다.

그러나 외국인인 내 눈에 비친 전두환 대통령은 독재자였다. 영화를 보러 가면 처음 10분 동안 '대한 뉴스'가 지루하게 흘러나왔고, 대통령의 얼굴이 계속 나왔다. 뉴스와 정보가 검열되는 바람에 만나는 한국 사람의 의견이 다양하지 못했다. 해외여행은 마음대로 갈 수 없었고, 사회 분위기도 자유롭지 못했다. 당시엔 다방이 많았지만, 학생은 음료와 음식을 파는 레스토랑에 갔다. 그곳에서 인상 깊었던 것은 남녀가 만날 때 프라이버시를 지키기 위해 자리와 자리 사이에 설치한 높은 칸막이였다. 그 시대의 자유롭지 못한 사회적 분위기의 상징이라 할 수 있었다. 그러나 무엇보다 광주 민주화 항쟁의 아픔이 생생했고, 길에서는 입 밖에도 내지 못했다. 김대중이라는 단어조차 조심해서 사용해야 했다.

기대와 아픔으로 갈려 있었지만, 흥미로운 것은 전통적인 한국의 풍습이었다. 노령층과 서민층에서 많이 접할 수 있었는데, 젊은 층과 도시의 신흥 중산층은 소위 글로벌 중산층의 생활 방식을 받아들였다. 지금 대부분의 한국 사람은 글로벌 중산층에 속하고, 전통적인 풍습이 많이 사라졌다. 1980년에는 한국의 도시화 비율이 50퍼센트를 조금 넘어선 까닭에 농촌에 사는 사람이 많아 그런대로 옛날 풍습을 지켜나갈 수 있는 조건이었다. 그러나 고도성장 때문에 사회 변화가 빨랐고, 그 바람에 1990년대에는 전통적 풍습과 습관이 많이 사라졌다. 2008년에 서울대 교수로 임용되어 다시 한국에 살게 되었을 때, 그 같은 변화를 피부로 느꼈다. 예를 들어 1980년대에는 일반 식당에 가면 다양한 반찬이 나왔는데 지금은 그런 집이 많이 사라졌다. 당시에는 깻잎, 다시마, 젓갈, 부추김치 같은 반찬이 흔했으나, 지금은 서울에서 찾기 어렵다.

나는 1983년에서 1984년 1년 동안 서울대에서 한국어를 배웠다. 당연히 학생 입장에서 한국을 접했다. 홈스테이를 했던 집에 두 명의 대학생이 있어 함께 놀기도 했다. 당시 종로2가

1980년대 말 한강

는 학생이 많이 모이는 장소였는데, 주로 보신각이나 종로서
적 앞에서 약속했다. 여러 학생 친구도 사귀었다. 그중에 약수
동 사는 신학생이 있었는데, 그때까지 만난 사람 중에서 가장
부담 없고 낙관적이었다. 같은 교회에 다니는 친구들과 함께
동네에서 자주 놀았다. 사회적 분위기가 무거워서 정치 이야
기가 조심스러웠지만, 술을 마시면 자주 나왔는데 전두환 대
통령을 좋아하는 학생은 하나도 없었다. 미국은 1976년 포드
대통령이 낙선하고, 1980년 카터 대통령이 낙선했는데, 전두
환 대통령이 그만큼 인기 없으면서 어떻게 버티는지 이해하지
못했다.

　나는 미시간대학교에서 응용언어학 석사를 받고 1986년에
육군종합행정학교에서 영어를 가르치게 되었다. 학생은 모두
육사를 졸업한 젊은 장교들로, 학생 기숙사는 교사 숙소와 같
은 건물이었다. 내가 그들과 비슷한 나이인 데다 한국어를 배
워 가장 쉽게 접근할 수 있는 교사여서 그런지 내 집에서 자주
파티를 열었다. 장교와 친해지면서 또 다른 한국을 만났다. 장
교들 중에는 시골 출신이 많아 예전의 정을 느낄 수 있었다. 이
야기하다 보니 알게 된 것이 작은 산속에 있는 마을 출신의 장
교는 중학교 때까지 집에 전기가 돌아오지 않았다고 한다. 또

다른 장교는 형제가 열한 명이나 있었다. 1년 동안 함께 지내면서 이들에게 군인이 되는 것은 정치적 성향이나 신념보다 출세하기 위한 도구라는 것을 알았다. 그리고 전두환 대통령도 개인보다는 그가 대표하는 안정감과 거기에서 나오는 기대 때문에 버티고 있다는 것을 알았다. 즉 당시의 고도성장 효과 덕분에 어렵게 살아온 많은 사람의 생활이 물질적으로 좋아지고 있었고, 미래에 대한 기대가 있었기 때문에 전두환의 독재를 참으면서 지냈던 것이다. 결국 전두환은 경제 때문에 버티었고, 경제 성장과 사회적 안정이 보수적 정치의 바탕이 되어 그 패러다임은 오늘날까지 큰 영향을 미치고 있다.

그러나 1987년에는 전두환에 대한 불만이 폭발했는데 나는 놀라지 않았다. 오히려 올 것이 왔다는 느낌이었다. 그 과정에서 술자리를 통해 알게 된 반미 감정도 폭발했다. 1982년에 한국에선 반미 감정이 없다는 이야기를 들었지만, 미군이 주둔해 있는 동안 반미 감정은 어디엔가 숨어 있을 거라 생각했기 때문에 민주화 운동과 함께 폭발한 것은 자연스러운 일이었다. 나는 그렇게 받아들였다. 나는 미국이 베트남 전쟁에 패하고 나서 자란 세대에 속하므로 군에 대한 거부감이 있었다. 게다가 반전 운동의 중심지였던 미시간대학교의 졸업생이기 때문에 더욱더 그랬다. 이태원에 가면 쉽게 볼 수 있는 미군의 우월한 태도, 한국이 미국의 속국과 같은 분위기여서 미국에 대한 거부감을 충분히 이해했다.

하지만 어려운 점도 있었다. 길거리에 나가면 나를 적으로 보는 사람이 있었다. 1987년 대통령 선거 바로 직후 택시를 탔는데 기사가 나에게 미국이 개입해서 김대중 후보가 낙선했다는 불편한 이야기를 하더니 끝내 못 참겠던지 차를 타고 가는 도중에 내려달라고 하는 바람에 택시에서 내려 버스를 탔다. 시간이 갈수록 반미 감정에 예민해졌고 '미국'보다 흑백 논리를 앞세워 공격해야 할 타자를 만드는 것이 무서웠다. 당시엔 한국 사람의 다혈질 성격 또는 미국에 대한 실망 때문이라 여기며 편하게 생각하려고 노력했지만, 속으로는 여전히 불편했다. 그리고 그런 생각은 25년 후에 상처를 입기도 했는데, 이는 뒤에 다루겠다.

격변의 1980년대

나에게 1980년대 말은 반미 감정보다 민주화와 경제 성장에

58

의한 빠른 변화의 시대였다. 원래 스포츠를 좋아하지 않아서 88올림픽에 대한 관심이 별로 없었다. 88올림픽의 가장 흥미로운 점은 이태원 거리를 걷는 공산 국가 선수였고, 역대 올림픽 마스코트가 들어간 배지 등을 파는, 자발적으로 생긴 벼룩시장이었다. 또 개인적으로 한국 문학에 대한 관심이 많았는데, 정지용·김기림·박태원·이태준 등 월북·납북 작가의 작품이 해금된 것도 반가웠다. 그리고 대학로에서 소극장 문화가 유행했는데 자주 연극을 보러 갔다. 경제 성장 덕분에 중산층이 많아졌고 소비가 다양해져서 후진국 모습이 많이 남아 있던 1980년대 초와 달리 선진 민주 국가의 모습이 보이기 시작했다.

1988년부터 1993년까지 고려대학교 영어교육과에서 객원 조교수로 실용 영어를 가르쳤다. 학생들과 나이 차이가 그리 많지 않아서 쉽게 친해졌고 가르치는 일이 즐거웠다. 당시 학교 내에 반미 감정이 많았지만, 학생들과 관계를 맺는 데에는 큰 어려움이 없었다. 내 나이가 젊었지만 가르치는 입장이었기 때문에 열린 마음으로 학생과 토론했다. 한번은 MT에 참석했다가, 밤새도록 학생과 무거운 정치 이야기를 나누었다. 이때 한국의 독특한 사제 관계를 피부로 느꼈고, 말 그대로 학생을 사랑했다. 한번은 학생 다섯 명과 함께 영화 〈죽은 시인의 사회〉를 보러 갔는데, 교사가 학교를 떠나는 장면에 여학생 두 명이 울었다. 영화가 끝나고 카페에 가서 영화에 대해 오랫동안 대화를 나눴다.

고려대 시절에는 처음 한국 땅을 밟았을 때, 그리고 육군종합행정학교에서 장교들을 가르쳤을 때처럼 한국 사람의 따뜻한 정과 라틴적 감수성을 다시 접하면서 문화의 차이, 민족 감정 등 서로 '타자화'하는 행위는 정으로 극복할 수 있다는 것을 깨달았다. 1993년에 박사 학위를 받기 위해 한국을 떠났지만, 5년간 학생들과 함께 보내면서 성실한 마음과 정을 통해 한국 사람과 친해지고 문화 차이를 극복할 수 있다는 자신감이 생겼다. 그리고 한국을 접한 10년 동안 놀라울 정도의 변화를 보면서 한국의 미래가 밝을 거라고 생각했다.

1980년대와 1993년대 초까지 내가 접한 한국은, 대학 졸업하자마자 젊은 나이에 한국을 알게 되었고 한국인과 같이 살면서 경험한 것이었다. 1980년대에는 학생들 대부분이 자기 집이나 하숙집에 살았고 혼자 사는 사람이 거의 없었다. 홈스테이를 하면서 삼시 세끼 다 한국 음식을 먹었고 집 안에서는 한국의 생활 방식에 맞췄다. 물론 밖에 나가면 가끔 양식을 먹고

원두커피를 맛있게 만드는 몇 개 안 되는 카페를 찾았다. 그러나 근본적으로 한국에 있는 동안만큼은 한국의 생활 방식을 받아들이면서 적응해야겠다고 생각했다. 1980년 후반에 혼자 숙소에서 지낼 때도 한국의 생활 방식에 적응하려고 애썼다. 최근에 외국인 유학생이 많이 늘어 기숙사에 살면서 한복을 입거나 김치를 만들어보는 형식적인 '한국 알기' 활동을 볼 때마다 내가 얼마나 귀중한 경험을 했는지 깨달으며 나를 도와준 많은 사람에게 감사한 마음뿐이다. 젊었을 때 한국과 깊이 소통했기 때문에 지금도 한국은 매우 친숙한 나라이며, 서울은 고향 앤아버만큼 마음 편한 곳이다. 그리고 라틴적 감수성과 정 때문에 한국 사람과 지내는 것도 편하다.

또 이 시대 한국의 빠른 변화를 볼 수 있었던 것도 귀중한 경험이었다. 1982년, 그해 여름에 처음 만난 한국은 쿠데타를 통해 정권을 잡은 독재자가 대통령이었고, 민주적 선거를 실시하는 나라가 아니었다. 그러나 한국을 떠난 1993년 여름에는 32년 만에 민주적 선거를 통해서 민주화 운동의 핵심 인물 중 한 사람인 김영삼이 대통령이었다. 경제 성장으로 생활 수준이 올라가면서 생활 방식도 많이 변했다. 버스 안내원이 없어졌고 단독 주택이 많이 사라지면서 지금의 서울 모습이 보이기 시작했다. 지금 생각해보면 그 많은 변화의 동력은 더 '좋은 나라'를 만들자는 공감 때문이었다. 그 공감대가 보수, 진보, 기득권, 서민을 다 아울러서 매우 튼튼하고 넓었다. 또 '좋은 나라'의 기준에 대한 이해가 같았는데, 그것은 '잘사는 자랑스러운 민주 국가'였다. 이제는 그 목표를 달성했는지를 함께 생각해봐야 할 것 같다.

제4장

문화 정체성과 조화

일본 시절

2013년 교토

일본의 우치·소토 문화

한국과 마찬가지로, 일본과도 인연이 깊다. 고향 앤아버가 캐나다에서 40킬로미터밖에 되지 않아 어릴 때 가끔 캐나다에 갔고 유명한 나이아가라 폭포도 봤다. 고등학교 시절에는 외국에 대한 호기심이 많았는데, 한 번쯤 외국에서 홈스테이를 하고 싶었다. 그 호기심은 지리학을 공부한 어머니의 영향을 받은 것으로, 서가에 꽂힌 대중을 위한 지리학 책 시리즈 'The World and Its Peoples(세계와 인류)'를 자주 봤다. 그리고 아버지가 제2차 세계 대전이 끝난 1946년부터 1948년까지 미군으로 교토에 살았던 까닭에 어렸을 때 일본 이야기를 많이 들었다. 그래서 일본을 선택하고 1978년 여름 혼자 비행기를 타고 일본에 갔다. 두 달 동안 도쿄 옆 가와사키 시(川崎市)의 일본 가정에서 홈스테이를 하게 되었다. 지금 생각하면 대단한 용기가 필요했을 텐데, 그 당시에는 별생각 없이 그냥 비행기 타고 갔던 것이다.

1978년의 홈스테이는 매우 뜻깊은 경험이었고, 그때의 인연으로 그 가족의 아들이 1년 동안 우리 집에서 홈스테이를 하기도 했다. 일본 홈스테이 경험 때문에 미시간대학교에 입학하여 일본어를 전공하게 되었고, 1982년 4개월 동안 그전에 홈스테이를 했던 가족 집에서 다시 체류하게 되었다. 그리고 1980년대 한국에 살면서 몇 번 일본을 짧게 방문했다.

본격적으로 일본에서 살게 된 것은 1995년 봄, 교토에 있는 리쓰메이칸 대학(立命館大学) 교수로 부임하면서였다. 일본어를 전공하면서 쌓은 실력을 어느 정도 유지했지만, 처음 하는 직장 생활이어서 어려움이 많았다. 특히 언어보다 문화적 차이를 극복하는 것이 더 어려웠다. 교양 영어를 담당하게 되었는데, 강의 시간에 보여준 학생의 수업 태도가 놀라울 정도로 기분 나빴다. 그전에 5년간 고려대에서 가르친 나로서는 충격이 컸다. 예를 들면 수업 시간에 큰 소리로 친구와 이야기를 나누거나, 아무 말 없이 갑자기 일어나 교실을 떠나기도 했다. 심지어 한번은 뒷줄에 있는 남학생이 일어나 창문을 열고 담배를 피우려고 한 적도 있었다. 학생뿐만 아니라 행정 직원도 딱딱거리고, 교수는 서로 거리를 두었다. 버티기가 힘들어 세 번 정도 휴강을 했다.

처음에 이해하기 어려웠던 것은 그토록 친절하고 인사 잘하는 일본 사람이 학교에서는 어떻게 무례한 '쌍놈'으로 갑자기 바뀌었는지였다. 그 질문에 대한 대답을 찾던 도중에 알게 된 사실이지만, 1937년의 난징 대학살이나 한국을 지배하면서 저지른 숱한 폭력은 일본 사람의 잔인함을 보여준다. 즉 일본 사람은 상황에 따라 폭력적으로 행동하는데 그 행동은 평소에 예의 바르게 타인을 배려하는 행동과 정반대여서 대조적이고 그만큼 불안감도 크게 불러일으킨다. 물론 인간은 어디에서든 폭력적 행동이 가능하다는 사실을 잊으면 안 되지만, 당시 내가 외국인으로 일본에 살고 있었기 때문에 더 크게 위협을 느꼈을지 모른다. 나만 그런 게 아니라 일본에서 알게 된 한국 사람도 비슷한 불안감을 갖고 있었다.

여기저기 이야기하면서 알게 된 것이 일본 문화의 독특한

'우치(內)'와 '소토(外)'였고, 그 속에 흐르는 집단주의였다. 즉 내부 사람과는 긴밀한 관계를 갖고 지속적으로 유지하려 하지만, 외부 사람은 거리를 두면서 상황에 맞게 관계를 조절한다. 교양 영어를 가르치는 교수는 학생의 입장에서 외부 관계의 사람이어서 학점에 예민한 학생은 예의 바르게 대하지만, 그렇지 않은 학생은 예의를 지킬 생각이 없어 수업 시간에 떠들거나 자거나 잠을 자기도 한다. 그러나 이런 학생도 전공 분야 교수와는 졸업할 때까지 지속적으로 좋은 관계를 지켜야 하기 때문에 전공 교수에게는 예의 바르게 대할 것이다. 그동안 많은 한국 사람으로부터 "일본 사람의 속마음을 모르겠다"는 이야기를 들었는데, 속마음이 따로 있는 게 아니라 마음이 상황에 따라 변하기 때문에 마음을 모르는 것이 아닌가 싶다.

인권과 공산당의 관계

리쓰메이칸 대학에서는 또 다른 흥미로운 점을 발견했다. 이 학교가 일본의 '좌파적' 대학 중 하나라는 사실은 대강 알고 있었지만, 그 바람에 처음 1년 동안 일본 공산당과 좌파 사상을 접할 수 있으리라곤 생각지 못했다. 부임한 지 얼마 되지 않아 교직원 노동조합 대표가 연구실에 와서 노조에 대해 설명하면서 가입을 권했다. 좋은 인상으로 출발하고 싶어서 노조에 가입한 뒤 유인물을 받았다. 살펴 보니 반미에 대한 내용도 놀라웠지만, 가장 충격적인 점은 대한민국을 '남조선'이라 표현한 것이었다. 일본에서는 남북한을 '한국(韓國)'이나 '북조선(北朝鮮)'이라 부르며 비교적 중립적 태도를 취하는데, 남한을 '남조선'이라고 부르는 것은 대한민국을 인정하지 않는다는 의미를 띠고 있어 불쾌했다. 부임 직후 나를 찾아온 노조 대표에게 '한국'으로 고쳐달라 부탁했지만, 수정을 하지 않아 첫 1년을 마치고 노조를 탈퇴했다.

노조에 대해서는 개인적으로 불만이 있었으나, 일본 공산당과 좌파 사상을 조금이나마 알 수 있었다. 미국 사람에게는 '공산당'이라는 말이 무섭게 들리지만, 일본 공산당은 평화 헌법을 지키고, 서민에게 부담이 큰 소비세에 반대하며, 어렵게 사는 계층을 위한 복지 확대에 관심이 많다. 일본 공산당이 꿈꾸는 국가상은 유럽식 사회 민주주의 국가인데, 기업 중심의 경제 성장을 우선하는 자민당에 대조되는 목소리로서 공산당은 중요한 역할을 발휘하고 있다. 그리고 재일 한국인의 인권을 지켜야 된다고 주장해왔고, 일본의 제2차 세계 대전의 책임을 물으며, 이웃 나라와의 화해를 주장해왔다.

이처럼 공산당의 활동이 가능했던 것은 일본이 1947년에 도입한 헌법 때문이다. 표현의 자유, 정치 활동의 자유, 집회의 자유 등 기본 인권이 보장되어 있고 이를 잘 지키고 있기 때문에 공산당의 활동이 가능한 것이다. 2004년까지만 해도 공산당은 천황제를 인정하지 않았고, 지금도 자위대의 존재를 인정하지 않고 있다. 일본에서 인권 보장을 튼튼하게 지키지 않았으면 이처럼 국가의 기본 구상에 대한 비판은 가능하지 않았을 것이다. 여기서 중요한 것은 선진 민주 사회에서는 특정한 입장과 분리시켜 인권을 절대 원칙으로 지켜야 된다는 것이다.

어제와 오늘이 공존하는 도시

2년 만에 리쓰메이칸 대학을 그만두고 구마모토가쿠엔 대학(熊本学園大学)으로 옮겨 3년간 교양 영어를 가르쳤다. 학생들은 리쓰메이칸 대학보다 더 착했지만, 그들과의 관계도 역시 얕아 내가 속한 경제학부에서는 할 일이 별로 없었다. 미묘한 소외감을 해소하기 위해 박사 논문을 쓰면서 연구에 집중했다. 그러다 학회를 통해 알게 된 미시간대 선배가 가고시마 대학(鹿児島大学) 영어교육과에 오라고 해서 그곳으로 자리를 옮겼다. 교양 영어 시절과 달리 학생들과 깊은 관계를 맺었고 연구도 잘되었다. 그 와중에 명문대인 교토 대학(京都大学)의 교양 영어 교수 공모를 보고 호기심에 응모했는데 놀랍게도 면접을 볼 수 있었고, 결국 교수로 부임해 교토의 제2기를 시작하게 되었다.

처음 교토에 자리 잡으면서 무례한 학생과 학교에 적응하느라 문화생활을 제대로 못한 것을 아쉽게 생각한 터라, 이번에는 문화생활을 누려보려고 결심했다. 교토에 있는 동안 어머니가 네 차례나 놀러 오셔서 함께 교토 구경을 많이 했다. 주말엔 쉬지 않고 교토 구석구석을 찾아다녔다. 대학교수인 어머니는 매우 학구적이고 일본 사람도 잘 알지 못하는 교토 정보를 많이 알고 계셨다. 어머니가 미국으로 돌아가시고 나서 다음번 오실 때를 준비해야겠다 싶어 계속 교토 공부를 했다. 그리고 이때부터 오래된 골목, 오래된 도시 풍경에 관심을 갖기 시작했다.

교토엔 또 하나의 즐거움이 있었다. 교토의 조용한 관광지

인 '철학의 길(哲学の道)'에 있는 작은 집을 지상권으로 샀다. 처음으로 집을 소유하게 되어서 조금씩 수리했다. 매입할 때 화장실, 세탁 시설 그리고 다다미가 좋지 않아 바로 수리하고 나서, 예산을 조금씩 모아 부엌을 수리했다. 동네에 있는 가구점이 수리와 관련해서 많이 도와줬는데, 짙은 교토 방언으로 항상 저렴한 방법을 찾아줬다. 집의 오래된 부분은 그대로 놔두어 옛것과 새것이 조화를 이루었는데 집에 오는 사람마다 감동했다. 이 집에 살기 전까지는 집을 꾸미는 것에 대한 관심은 없었지만, 하다 보니 재미를 붙였고 자신감도 갖게 되었다. 게다가 공사하는 사람이 모두 교토의 서민층이어서 또 다른 교토를 만났고 일본의 유명한 '장인 정신'을 눈으로 직접 볼 수 있었다.

　관광이든 일상생활이든 교토는 매우 흥미로웠는데, 아마 과거와 현재의 균형 때문이라고 생각한다. 관광은 어느 한 곳을 고르기가 어려울 정도로 문화유산이 풍부하다. 유네스코 세계 문화유산에 등록된 곳만 17개나 되는데, 그보다 구석구석에서 찾을 수 있는 유명하지 않은 곳이 더 매력적이다. 예를 들면 집에서 교토대까지의 거리는 약 1킬로미터인데, 학교를 가는 길 도중에 지붕 아래 큰 지장보살상이 있었다. 오래된 작은 안내판에는 가마쿠라 시대(1185~1333)부터 계속 그 자리에 있었다

72

교토 길거리의 불상

고 적혀 있었다. 또 다른 길로 가면 859년에 설립된 신사가 나오는데 건물은 몇 번의 재난 때문에 재건축했지만, 그렇듯 오랜 세월 같은 터에 있었던 것은 대단하다. 가장 오래된 건물은 1601년에 지었고 문화재로 등록되어 있다.

가마쿠라 시대의 지장보살상 근처에 파스타와 디저트를 잘하는 단골 식당이 있어서 그 집의 크림 브륄레를 먹으러 자주 가곤 했다. 교토 시내에 나가면 외국 요리점이나 카페가 많고, 폐교를 재활용해 만든 교토 예술 센터(京都芸術センター)와 같은 현대 예술 정보 공간도 있다. 1990년대 일본의 인터넷 보급은 한국보다 늦었지만, 2000년부터 빨리 보급되었고 2004년부터 가정에 광케이블 인터넷이 들어왔다. 이제 교토는 시대에 뒤떨어진 '지방 도시'가 아니라 독특한 역사, 관광, IT 그리고 대학 도시이다.

튼튼한 정체성의 기둥과 공동체 의식

이 같은 과거와 현재의 균형이 가능한 것은 일본의 튼튼한 정체성 때문이 아닌가 싶다. 일본은 몇천 년 동안 아시아와 가까운 섬에서 형성되었고, 그 과정에서 다른 문화권과의 교류를 통해 자국 문화를 발전시켰다. 그 때문에 다른 나라의 문화를 받아들여도 '일본'이라는 기둥은 쉽게 흔들리지 않는다. 1945년까지 일본 내에서는 수많은 내전이 있었지만, 한 번도 외국의 지배를 받지 않았고 다른 문화권에서의 이동은 3국 시대 이후 거의 없었다. 19세기 중반부터 서양의 제국주의가 일본에 관심을 보이면서 개방의 문을 열라고 위협하는 바람에 그 나라의 물리적 문화를 많이 도입했지만, 튼튼한 '일본 기둥' 때문에 큰 위협을 느끼지는 않았다.

신도(神道)의 신사와 불교의 사찰은 '일본 기둥' 안에 흐르는 사상의 정신적 산물이므로 지킬 수밖에 없고, 신도와 불교는 그들의 생활 속에 깊이 들어가 있다. 그래서 교토대 가는 길에 있는 가마쿠라 시대 지장보살상의 존재는 문화재 보존의 측면보다 '불상을 모시는' 측면이 더 크다. 마찬가지로 아침 식사는 밥과 미소 된장국으로 하고 점심은 카레라이스, 저녁은 파스타와 크림 브륄레로 할 수 있는 것이다. 그렇게 먹어도 여전히 일본 사람이다. 강한 '일본 기둥' 때문에 오래된 자국 문화를 유지하면서 새로운 외국 문화도 잘 받아들인다. 한국인과 외국인의 만남에 관련해서는 제8장에서 추가로 논의할 것이다.

그에 비해 한국은 일본과 달리 숱한 침략을 받은 탓에 개방의 문을 닫고 자기 것을 고집해서 만주처럼 중국에 흡수되지 않았다. 19세기의 서양 제국주의에 대한 대응으로 나라를 지킬 수 있었지만, 그러느라 나라의 힘을 모두 쏟아부어서 결국 제국주의 우등생인 일본에 나라를 빼앗기고 말았다. 오늘날까지도 깊은 상처로 남아 있는 일제 강점기가 끝나고 남북으로 분단이 되었는데, 북한은 조선 시대의 고집을 택한 반면 남한은 어렵게 문을 열고 새로운 역사적 실험을 시작했다. 북한은 고집 속에 자주적으로 새로운 사회를 만들려 한 데 비해, 남한은 경제 발전을 통해 새로운 사회를 만들려고 했다. 이렇게 보면 남북의 공통점은 새로운 사회를 지향하여 오래된 것보다는 새것 또는 새로운 생활 방식을 추구해왔다. 이러한 상황에서 문화재급 건물이나 문화유산은 '민족 정체성'의 상징으로 자주 활용되지만, 일본처럼 작아도 일상생활 속에 오래된 것은 가치가 별로 없는 것이 되었다. 그런데 2010년대에 들어오면서 어릴 때부터 디지털 세상에 익숙한 한국의 젊은 층이 오래된 것을 발견하고, 386세대가 향수를 느끼기 시작하면서 오래된 것을 균형 있게 보존하고 존중해야 된다는 논의가 나오고 있다.

교토대에서는 교양 영어를 담당하고 있었는데 시간이 흐를수록 조금씩 불만이 쌓여갔다. 교토가 워낙 좋아서 가고시마 대학을 떠난 일은 후회하지 않았지만 학생들과 소통하며 지내던 시절이 그리웠다. 게다가 교토대는 일본 사회에 '사회적 자본'이 많아서 교수 중에는 정치적인 사람도 많았다. 나는 학교 정치보다 일본 사회에서 살아남기 위한 능력을 키우려고 노력했을 뿐, 한 집단 안에서의 정치적 입지에 대한 관심이 없었다. 미국과 일본 문화의 차이이기는 하지만, 구조적으로 좋은 성과를 내기 어려운 '자리'에 연연하여 교수들이 왜 욕심내는지를 이해하지 못했다. 교양 영어는, 특히 교토 대학 같은 명문대에서 구조적으로 중요하지 않기 때문에 그 안에서 힘을 갖더라도 별 의미가 없을 거라고 생각했다.

가고시마 대학 선배를 만난 술자리에서 교양 영어가 답답하다고 이야기했더니 지금 가고시마 대학에 교양 한국어가 없는데 가르칠 수 있으면 다시 오겠느냐고 갑자기 물었다. 술잔을 든 상태에서 바로 '예스'라고 대답했다. 그 한마디로 가고시마에 다시 가게 되었는데, 처음으로 '영어'에서 해방되었다는 게 내 인생에 큰 의미로 다가왔다. 사랑하는 교토를 떠나는 건 힘들었지만, 한국어를 가르칠 수 있는 기회가 그 무엇과도 비교할 수 없을 정도로 귀중했다. 게다가 새로운 교양 과정을 설립할 수 있는 기회도 놓칠 수 없었다. 그리고 가고시마 대학 영어 교육과 교수 시절의 좋은 추억도 있었다.

이번에는 한국어 외에 가고시마 대학의 모든 교양 과정에서 이러닝(e-learning)도 담당했다. 당시 일본에서는 이러닝 붐이 한창이어서 교토 대학에서도 다양한 실험적 교수법을 도입했는데, 당시 인문계 교수 중에 교육용 소프트웨어를 아는 교수가 많지 않았고, 내게는 오픈 소스 교육용 소프트웨어에 대한 지식이 있어서 이런 기회가 왔던 것이다. 그리고 당시 일본은 교육 개혁이 유행이어서 대학마다 교수를 위한 교수법 개선 프로그램을 만들었다. 덕분에 가고시마대에서 이러한 교육 프로그램을 담당하게 되었다.

이러닝 도입과 교육 개선 프로그램 개발은 행정 업무가 많았다. 교토대에서 느꼈던 소외와 달리 이번에는 업무의 핵심에 서 있었다. 일본 국립 대학이 법인화한 지 얼마 안 되는 시절이었지만, 문부과학성은 신자유주의의 영향을 받아 경쟁적 대학 지원으로 전환하기 시작했다. 가고시마대가 문부과학성의 지원금을 받아 두 차례 프로젝트의 이러닝 부문을 담당했다. 학교 행정에 관여하면서 일본에 대한 이해도 깊어졌다. 그 이해의 핵심은 역시 공동체의 힘이다. 일본 사회는 여러 공동체가 있는데, 가장 중요한 공동체가 직장이다. 물론 대학처럼 큰 직장에 속해 있지 않은 사람이 많지만, 직장의 규모보다 직장에 대한 충실함이 중요하다. 직장에서 성공하는 방법은 힘 있는 사람의 '부하'가 되는 것이다. 힘 있는 사람은 직위와 함께 다른 사람의 신망을 받고 있는 50~60대이며 직장을 위해서 열심히 일했던 사람이다. 그리고 힘 있는 사람은 여러 목적을 위해 부하를 활용한다. 새로운 교육에 대한 아이디어와 이러닝의 교육 방법을 제공한 것은 나의 '가치'였다.

그전에 알게 된 '우치'와 '소토'의 내면적 문제도 다시 느꼈다. 특히 비슷한 수준의 사람 사이에서 경쟁심이 생기면 서로 경계하며 질투한다. 그건 윗사람도 마찬가지여서 부하를 통해 싸우는 경우도 있다. 그 과정에서 약한 사람은 피해를 보기도 한다.

그런데 여기서 중요한 것은 공동체의 목표 의식이다. 목표 의식이 뚜렷하고 조직이 좋은 방향으로 간다는 공감대가 형성되면 서로 힘을 모아 열심히 하지만, 그렇지 않은 경우에는 갈피를 못 잡고 방황하면서 감정적 갈등이 생기고 조직이 약해진다. 흥미롭게도 이러한 사실을 메이지 유신의 발생지 중 하나인 가고시마에서 이해하게 되었다.

학교 밖도 별다를 바 없다. 학회에 자주 참석해서 그런지, 원로 교수의 신임을 얻어 일을 많이 맡게 되었다. 그때는 학내에 서처럼 원로 교수의 부탁을 들어주면 더 큰 믿음을 얻고 언젠가 필요할 때는 원로 교수의 도움을 받는다. 그런데 이러한 관계가 학문과 맞지 않은 측면이 있어서 어려울 때도 있었다. 원로 교수가 아끼는 제자 가운데 학문적으로 약한 사람과 같이 일하게 된 경우도 있었는데, 이것도 '봐주기'의 한 형태였다.

2007년 가고시마 대학에서 한창 이러닝과 교육 개혁에 전념할 때 신세를 많이 졌던 교직원이 갑자기 돌아가셨다는 부고를 받았다. 직원 중에서 가장 친했고 행정 시스템을 많이 가르쳐준 분이어서 가슴이 무척 아팠다. 지금도 가고시마에 가면 그분의 부인과 부모님께 인사를 드린다. 당시 그분이 돌아가셨을 때 보여준 직장의 반응을 잊을 수 없다. 토요일 오전에 돌아가셨는데 연락을 받은 사람은 모두 학교에 모여 '오쓰야'(お通夜, 상가에서 밤을 새우는 일)를 기다렸다. 연락이 오자 차를 타고 가고시마 시에서 50킬로미터 떨어진 시골 마을에 있는 장례식장에 갔다. 인사하고 이야기를 나누다가 다시 가고시마로 돌아와 다음 날은 장례식에 참석했다. 이후 학교에서 그 일을 같이 겪은 직원이나 교수를 만나면 왠지 모르게 동질감을 느끼면

서 일본인의 공동체 의식을 거듭 확인할 수 있었다.

나에게는 또 하나의 일본도 있다. 교토에 사는 동안 어머니가 네 번 놀러 오셨는데, 2010년에 병으로 돌아가신 뒤 교토에 가거나 사진을 볼 때마다 그때 함께했던 일들이 어제 일처럼 생생하다. 이때는 내 인생에 중요한 시기였고, 어머니가 건강한 상태로 활동한 마지막 시절이었다. 그 배경에 2003년 봄, 내 인생에 변화가 있었다. 당시 뺨에 흉터가 생겼는데 예전과 달리 자연스럽게 없어지지 않았다. 어머니가 강력히 치료받아야 된다고 해서 검사를 받은 결과, 피부암이었다. 다행히 몸의 다른 곳으로는 옮겨가지 않았지만, 당시 마흔두 살의 나에게는 충격이었다. 무언가에 미쳐 활동하던 30대가 그 순간 끝나면서 내 인생관도 바뀌었다. 일본의 직장 생활 때문에 일 이외의 세상이 있다는 것을 잊고 살았는데, 이를 계기로 다시 일 밖의 세상을 생각하게 되었다. 무엇보다 인간이란 존재가 얼마나 약하고, 내게 주어진 인생 그 자체가 얼마나 귀중한 기회인지를 깨달았다.

미국에서 수술을 받고 교토에서 천천히 회복하며 앞으로는 좀 더 균형 있는 생활을 해야겠다 결심하고 그때부터 교토에 빠져들었다. 그리고 교토대에서 느꼈던 소외감을 이때부터 더 심하게 느꼈다. 일은 일이지만, 그 역시 보람이 있어야 된다는 것도 깨달았다. 그래서인지 나중에 가고시마 대학에 가선 열심히 일을 하면서 큰 보람을 느꼈기 때문에 일 같다는 느낌이 들지 않았다.

희망을 말하는 위기의 1990년대

한국은 일본과 가까워서 자주 갔다. 학회에 많이 참석했고 방학 때마다 놀러 갔다. 일본에서의 13년 경력 중 2년만 한국어 교육을 하고 나머지는 영어 관련 일을 했지만, 계속 한국학에 대한 관심이 있었고 1년에 몇 번 한국학과 관련한 글을 발표했다. 1990년대 후반은 연구관에서 비교적 자유로운 교양 영어를 담당했기 때문에 가능했고, 2000년부터 가고시마대, 교토대 그리고 다시 가고시마대에서 학생들을 가르치며 일이 바빠 점점 어려워졌지만, 이때도 한국은 1년에 최소한 두 번 방문했다. 그리고 1996년부터 2003년까지 영자 신문 「코리아헤럴드」에 매주 칼럼을 실었기 때문에 한국에 직접 가지 않아도 당시에 등장하기 시작한 인터넷 신문을 통해 한국의 상황을 어느 정도 파악할 수 있었다.

당시 한국은 어떤 나라였을까? 1990년대 중반은 1980년대 말의 고도성장과 민주화의 영향에 힘입어 앞으로만 나아가는 자신감 있는 나라였다. 변화를 두려워하지 않고 새로운 것을 빨리 도입하는 젊은 층을 중심으로 인터넷 붐이 일기 시작했다. 외교적으로도 1992년에 중국과 수교하면서 가깝고 중요한 나라와의 갈등을 완화했다. 1990년의 독일 통일과, 1993년의 김일성 사망으로 흡수 통일에 대한 이야기가 들려오기 시작했다. 아파트와 자동차 보급이 확산되면서 한국의 생활 방식은 지금의 모습을 갖게 되었다. 2010년에는 찾아보기 어려운 낙관적 분위기였다.

그런데 그 와중에 갑자기 경제 위기가 닥치고 IMF의 지원을 받아야 할 상황에 빠졌다. 1997년 가을에 나는 구마모토에 있었고 어머니가 일본을 처음 방문하셔서 뉴스를 잘 보지 못했지만, 국가 부도 이야기까지 나올 정도로 급히 악화되어 정말 놀랐다. 2008년 2월에 IMF 이후 처음으로 한국을 방문했는데 어려운 상황이라는 것을 한눈에 알아볼 수 있었지만, 만나는 사람들은 예전처럼 낙관적이었다. 그들에게 IMF는 극복할 대상이지, 새로운 현실은 아니라는 공감대가 강해서 사람들은 이를 극복하려고 열심히 노력했다. 덕분에 회복은 예상보다 빨랐고 2000년대에 들어오면서 계속 성장했다. 예전의 낙천적인 모습은 2002년 월드컵의 '붉은 악마' 현상의 원인 중 하나였다. 2000년에 김대중 대통령의 방북과 햇볕 정책으로 북한과의 관계를 개선한 것도 좋은 영향을 미쳤다.

이때는 일본에 있었는데, 한국을 보면 어려움을 극복할 수 있는 자신감과 미래에 대한 기대가 무척 강하다는 인상 때문에 한국의 미래가 밝다고 생각했다. 당시에 쓴 칼럼도 그 같은 낙관론이 바탕이 되었다. 한국에 사는 외국인은 이런 내 낙관론을 비난한 적도 있지만 내 생각은 계속 낙관적이었다.

그런 낙관론을 계속 품고 있던 중에 2008년 봄 어느 날, 서울대에서 갑자기 한국어를 담당하는 외국인 교수 공모가 있다는 소식이 들려왔고, 결국 2008년 9월, 15년 만에 한국으로 들어와 살게 되면서 일본 생활은 막을 내렸다. 그리고 한국 생활에 적응하면서 일본도 새로운 눈으로 볼 수 있는 기회가 생겼다. 그 이야기는 다음 장에서 들려줄 것이다.

제5장

존재를
부정하는
사회

서울대 시절

2013년 6월 교남동

무관심을 권하는 사회

2008년 9월 1일, 가고시마를 떠나 서울에 도착하면서 한국 생활을 다시 시작했다. 그날은 비가 무척 많이 왔고, 가고시마에서 일을 정리하느라 바쁘게 지내 피곤한 상태였다. 하루 쉬었다가 다음 날 출근해서 여기저기 인사하고 그다음 날부터 수업 준비를 했다. 첫 수업은 학부 전공과목이었는데, 학생 열 명 정도가 수강 신청을 했다. 옛날 고려대학교 영어교육과 시절처럼 학생들의 표정은 밝았다. 이후 6년 동안 학생들과의 관계는 계속 좋았다.

처음 한 달간은 적응하느라 바빴다. 1993년 여름에 한국을 떠날 때는 인터넷이 없었는데, 2008년에 많은 웹사이트를 사용하기 위해서 주민등록번호가 필요했다. 출입국 관리소에서 외국인 등록증을 만들었지만 끝에 '8'이 있어서 많은 사이트에서 거절을 당했다. 나중에 '8'로 끝나는 번호는 외국인밖에 없어서 많은 사이트가 그것을 처리하지 못했다는 것을 알았다. 살림을 시작하면서 구입할 생활용품은 많았지만, 인터넷 쇼핑을 이용하기가 너무 어려워 실망했다. 또 휴대폰도 필요했는데, 대리점 직원이 너무 불친절해서 실망했다. 서울대 학생회관 휴대폰 대리점에서 새로 부임한 교수라고 밝혔는데도 거친 반말과 함께 거절을 당했다. 1980년대에 반미 감정이 확산되었을 때 어려운 상황은 한두 번 정도 있었지만, 휴대폰 가게에서 인종 차별을 당하는 이런 느낌은 아니었다. 반미는 한미의 역사적·현재적 관계에 대한 불만이 중심이었지, 개인이 공격 대상은 아니었다. 그래서 한 학기 적응하는 동안 학생들과 즐거운 시간을 보내면서도 어려운 일이 몇 번 있었고 그 때문에 상처를 받기도 했다. 그럴 때는 오랜 한국 친구를 만나 술 한잔 마시면서 하고 싶은 말을 다한 뒤에야 마음이 편해졌다.

2008년 가을은 세계적 세계 금융 위기 때문에 한국 사회에서 긴장이 확산되었다. 그러나 1997년과 달리 이명박 대통령이 상황을 빨리 파악하고 조치를 취했기 때문에 한국은 다른 나라에 비해 타격을 덜 받았다. 하지만 IMF 이후와 달리 낙천적인 미래에 대한 기대는 찾아볼 수 없었다. 경제 성장은 회복했지만, 88만 원 세대, 노후 준비, 하우스 푸어, 민주주의 후퇴 등과 같은 이야기가 많아지면서 희망을 찾기가 힘들어졌다. 이명박 대통령은 인기가 별로 없었지만, 야당에 대한 신뢰가 더 낮아서 사람들은 정치에 무관심했다. 학생들은 옛날처럼 정치 이야기를 하지도 않았고 나라 또는 공동체보다는 본인의 앞날만 고민하는 분위기였다. 이뿐만 아니라 사회도 개인에게 공동체 의식보다 스펙만 요구했다. 2009년 5월, 노무현 전 대통령의 자살은 충격적인 일이었지만, 정치에 관심 있는 극소수 외에는 별 영향이 없었다. 2014년 8월 한국을 떠날 때까지 봤던 여러 선거는 근본적으로 무관심 속에 치러졌고, 뽑힌 사람들 역시 별로 인기가 없었다. 전체적으로 볼 때 미래에 대한 희망이 사라진 허망한 사회 분위기가 갈수록 심해졌다.

2008년 가을부터 2009년 봄까지 서울대 교수 아파트에서 지내며 매일 걸어서 출퇴근하다가, 경복궁 누하동으로 이사 간 뒤에는 지하철로 출퇴근했다. 지하철 타는 시간은 약 45분이었는데 타고 가는 동안 느낀 점이 많다. 그중에서도 가장 크게 느낀 것이 노인의 슬픔이었다. 당시 누하동에는 매우 열악한 주택에 혼자 사는 노인이 많아서 재활용 쓰레기를 모으는 모습도 봤고, 할 일 없이 통인시장 앞에서 친구들과 시간을 보내는 모습도 봤다. 그런데 지하철 안에서는 가까이서 봐서 그런지 눈빛 속에 슬픔이 가득했다. 인간의 가치가 자본이나 스펙으로 계산되는 한국 사회에서 가난한 노인은 별 가치가 없어서 '갈 데가 없다'. 1980년대에는 상상할 수 없는 상황이었다. 당시만 해도 노인은 주로 자식과 함께 살았기 때문에 '갈 데가 있었다'. 하지만 더 슬픈 것은 2010년대의 노인은 해방 직후에 태어난 세대라 엄청 고생하면서 지금의 대한민국을 만든 세대인데도 그 대한민국에 더 이상 필요하지 않아 죽음만 기다린다는 사실이었다.

그러나 노인만 슬픈 것이 아니었다. 지하철 안에서는 경로석을 피해 가운데 좌석 쪽으로 자주 갔는데, 성형 수술 광고를 자주 보게 되면서 젊은 사람의 슬픔도 알았다. 한국형 자본주의 사회에서 노인은 아무 가치가 없는 대신, 젊은 사람은 필요한 사회적 자본 모으기에 미쳐 바쁜데 그것이 몸까지 지배하게 되어서 슬펐다. 한번은 지하철로 출근하다가 충격적인 일을 겪었다. 남학생이 내 수업을 들었다며 인사하는데 처음에는 알아볼 수 없었다. 그 학생이 누군지 궁금했지만 "자네 이름이 어떻게 되지?" 하고 물어보기가 부끄러워서 계속 대화하는 도중에 옛 모습이 떠올라 누군지 알게 되었다. 여학생이 성형 수술을 하고 나서 알아보기 어려운 경우는 가끔 있었지만, 남학생은 처음이었고 내가 남자여서 그런지 더 놀랐다. 사회적 이미지, 즉 스펙을 갖기 위해서 인위적으로 자기 몸을 변화시킨다는 것은 나로서는 받아들이기 어려운 현실이었고, 1980년대에 내가 만났던 나라와도 차이가 너무 컸다.

경쟁 지상주의 교육을 넘어

뭐든 처음에는 좋지만 시간이 흐를수록 문제가 나타나는데, 한국은 특히 그렇듯이 서울대 생활 첫 1년은 무척 좋았다. 역사상 첫 번째 국어 관련 학과의 외국인 전임 교수여서 그런지 장안의 화제가 되어 학교에서도 따뜻하게 맞아주었다. 그런데 점점 미묘한 소외감을 느끼기 시작했다. 서울대 오기 전에 한국의 대학이 매우 배타적이라는 것은 알고 있었지만, 그동안 변화가 많아서 혹시 달라지지 않았을까 하는 기대가 있었다. 외국인 교수가 거의 없는 서울대에서 갑자기 외국인 교수를 많이 뽑은 것은 획기적인 일이었다. 더욱이 국어교육과에서 외국인 교수를 뽑는다는 것은 예전엔 생각도 하지 못한 일이었다. 그런데 태생적 문제가 있었다. 내가 외국인이었기 때문에 그 자리에 있게 된 것이다. 즉 국어 교육계에서 활동하여 어렵게 교수가 된 것이 아니었다.

이런 사실도 알고 한국으로 왔지만, 또 가고시마 대학에선 한국어 교양 과정을 설립했고 2년 반 동안 일본어로 한국어를 가르쳤고 한국어 교육에 대한 논문도 있어서 자신 있게 한국에 왔지만, '국어 교육인'은 아니었다. 그래서 내가 조금씩 갖고 있는 경력이나 '사회적 자본'이 부족한 것을 알게 되었다. 시간이 흐를수록 내가 교수라기보다는 소위 글로벌 시대가 요구하는 장식물일 뿐이라는 것을 깨달았다.

이런 사실을 알면서도, 학생들과의 관계가 좋은 데다 그만둘 상황이 아니어서 나름대로 타협점을 찾았다. 그것은 바로 학생들과 즐겁게 지내면서, 참여하기 어려운 한국어 교육'학계'가 아니라 사회에서 활동하는 것이었다. 사회에서 서울대 교수 명함을 던지면 기회가 생기고 좀 더 진지한 관계를 맺을 수 있었다. 한국어 교육에 참여하기 위한 사회적 자본이 부족하고, 늘 '외국 손님'으로 존재하는 것보다 좀 더 진지한 관계에 시간을 '투자'하는 것이 나를 위해 좋을 거라 생각했다.

물론 서울대에서 전임 교수 신분으로 학생들을 가르칠 수 있다는 것 자체가 귀한 기회였고, 그 점은 지금도 고맙게 생각하고 있다. 한국 사회의 중요한 권력 기관 중 하나를 내부에서 볼 수 있다는 것은 독특하고 소중한 경험이었다. 특히 그전에 같은 '제국대학' 뿌리인 교토대에서 전임 교수로 지낸 적이 있어서 더 그랬다. 학교 밖에서 볼 때 서울대는 한국 대학 서열의 정점이고 꿈의 스펙이지만, 내부에서 보면 1946년에 여러 교육 기관을 합친 것이 한눈에 보인다. 서울대 안의 법대, 의대, 인문대 그리고 자연대는 일제 강점기의 가장 엘리트 대학인 경성제국대학에 뿌리가 있지만, 다른 단과 대학의 경우에는 당시 여러 전문대학에 뿌리를 두고 있다. 이는 정체성이 뚜렷한 교토대보다 정체성이 애매한 가고시마 대학과 비슷했는데, 여러 전통과 생각이 한 밥그릇 안에 존재하기 때문에 학교 성격이 애매하다. 즉 '서울대' 하면 대학 서열의 정점 이외에는 특별히 떠오르는 이미지가 없다. 서울대다운 교육 철학이나 연구 풍토가 없다.

그리고 민주화 과정에서 서울대 학생은 중요한 역할을 했지만, 학생 운동이나 '야성(野性)'을 생각하면 오히려 고려대가 떠오른다. 그래서 그런지 고려대가 학교 역사를 크게 홍보하고 있는 데 비해, 서울대의 역사 이야기는 학교 설립 연도에 대한 논쟁 정도이다. 교토대는 권위주의적 도쿄대에 대해 자유로이 학문할 수 있는 대안으로 설립되었는데, 이러한 학교 역사를 자랑스럽게 홍보하고 있다.

서울대는 대학 서열의 정점에 있으므로 학교 발전에 대한 욕심이 많다. 2008년에 갑자기 외국인 교수를 채용한 것은 대학 평가에서 '국제화' 부문의 평가를 높이기 위한 조치였다. 2000년대 말에 한류, K-pop, IT 때문에 한국은 세계의 주류 국가 중 하나로 인정받으며 경제·사회 수치가 유럽, 북미 그리고 일본과 비슷한 수준이 되었다. 이 중에서도 대학은 여전히 낮게 평가받았는데, 외국인 학생 및 교수 비율로 계산되는 '국제화' 지수가 특히 낮았다. 일본 대학도 비슷한 상황이지만, 일본 대학은 노벨상 수상자 몇 명을 배출했고 유학생을 많이 유치하고 있다. 서울대는 국제 무대에 한국 대학의 낮은 위상을 의식해 적극적으로 해결하려 노력했고 이후 다른 대학도 그 뒤를 따랐다. 물론 '국제화' 지수를 높이는 것은 학교 개혁의 우선

과제가 아니지만, 변화하려고 노력한 점은 제대로 평가되어야 한다.

지금 멀리서 서울대의 발전을 생각할 때 가장 큰 과제가 서울대다운 '학풍'을 만드는 것이다. 지금은 교육 경쟁의 승자만 모이는 그릇밖에 되지 않아서 구성원들 모두 소외 속에 활동하는 것이 아닌가 싶다. 이렇게 보면 내가 느낀 소외는 당연한 현상이고, 내가 외국인이라는 사실이 상관없을지도 모른다. 세계의 명문 대학을 보면 거의 다 뚜렷한 교육 철학과 연구 풍토가 있기 때문에 장점이 조금씩 다르다. 결국 서울대는 교육 경쟁의 승자를 뽑고 나서 어떻게 키울 것인지, 어떤 인재를 배출할 것인지를 고민해야 할 때이다.

또한 서울대는 연구 지원을 확대하고, 교수가 편히 연구할 수 있는 풍토를 만들어줘야 된다. 2014년 고향 앤아버에 돌아갔을 때 모교인 미시간대학교 도서관을 보면서 한 번 놀랐고, 학교 홍보지에 발표한 졸업생 기금과 외부 연구비 유치를 보고 한 번 더 놀랐다. 어릴 때 미시간대는 '학문 공장'이라는 표현이 떠올랐는데 서울대는 아직 연구 풍토가 부족하기 때문에 '학문 공장'이라는 이미지가 없다.

서촌의 발견

'서울대'를 열심히 생각하는 와중에 '서촌'을 발견했다. 2009년
봄부터 누하동에 있는 양옥을 수리해 살았는데, 살면서 동네
의 현황을 조금씩 알게 되었다. 2009년 초, 집을 매입할 때 재
개발 지구 안에 있는 집은 피하라고 오랜 친구가 권해서 그 말
에 따라 집을 찾았다. 당시에 재개발은 전면 철거라는 의미와
함께 재산권 분쟁 가능성이 있다는 것 정도는 알고 있었다. 그
런데 누하동에 사는 동안 오래된 골목과 그대로 남아 있는 한
옥 밀집 지역을 매일 다니면서 전면 철거라는 말을 피부로 느
끼고 이를 막아야겠다는 생각이 강해졌다. 그러나 재개발에
대해 아무리 부드럽게 물어봐도 주민들은 좀처럼 얘기해주지
않아서 상황을 파악하기가 어려웠다. 집 앞 골목 입구에 누하
동 재개발 추진 위원회가 있었는데 그곳에 모인 어르신들이 인
사를 잘 받아주지 않아 그 건물 앞을 지날 때면 발걸음이 빨라
지곤 했다.

　가을이 되어 서울시가 지구 단위 계획에 대한 주민 설명회
를 열려 하다가 재개발 지지 때문에 무산되었다는 데 충격을
받았다. 일부러 시간을 내서 참석한 주민을 위해 뭘 하느냐는

질문이 남았다. 그 와중에 동네 넓은 빈터에 빌딩 하나가 북악산의 전망을 가르며 계속 올라갔다. 바로 집 근처는 아니었지만, 멀지 않은 인왕산과 북악산의 경관이 아름다운 곳이었다. 그래서 2009년 말에 두 가지 개발 압력, 즉 재개발과 재개발 지구 외의 난개발을 걱정했다. 당시 동네에 아는 사람이 별로 없었고 주민 모임도 알아내지 못해서 시민의 힘으로 뭘 할 수 있는 상황이 아니었다. 그래서 서둘러 집을 팔고 이미 한옥 보존 논쟁이 끝난 북촌으로 이사를 갔다.

2010년은 내 인생에서 가장 슬픈 해였다. 5월 마지막 주말에 광주에서 열린 국어국문학회 모임에 토론하러 갔는데, 어머니에게 매일 받던 이메일이 오지 않아 슬슬 걱정하던 차에 옆집 아주머니로부터 어머니가 쓰러져 입원했다는 연락이 왔다. 학기를 빨리 끝내고 미국으로 날아갔다. 퇴원한 뒤 계속 집에서 병간호를 했는데 상황이 좋아지지 않아 추가 검사를 받기로 했다. 결국 위암이 발견되었고 간으로 전이해서 예측이 좋지 않았다. 동생 집 근처의 실버 홈으로 이사하여 거기서 추가 치료를 받았지만, 병세는 계속 악화되었다. 가을 학기 개강 때문에 한국에 들어왔다가, 추석 연휴가 되어 미국을 다녀왔다. 그리고 10월 중순쯤 상태가 악화되어 다시 미국에 갔는데 1월 말에 돌아가셨다. 다행히 그 순간 동생과 같이 손을 잡고 보냈다. 장례식을 치르고 한국으로 돌아와 슬픔을 참으면서 12월 중순에 학기를 마쳤다. 복잡한 생각을 할 여유가 없었고 내 한 몸 버티기도 힘들었다.

그리고 방학. 혼자 있을 때 가장 외로웠기 때문에 예전처럼 방학을 이용해서 연구하지 못했고 대신 밖으로 많이 다니게 되었다. 컴퓨터 언어를 배우고 싶어 종로에서 컴퓨터 학원을 다녔다. 봄부터 서촌을 거의 가보지 못한 터라 다시 산책하고 싶었다. 또 한동안 만나지 못한 오랜 친구를 만나기도 했다. 이렇게 2011년을 맞이했다.

서촌을 걸으면서 다시 살고 싶은 마음이 생겨 집을 알아보기 시작했다. 마당은 정남향, 그리고 주위에 있는 집은 모두 한옥이어야 하는 조건으로 집을 찾았다. 마침 체부동 한옥 밀집 구역에 좋은 집이 나와서 매입하기로 했다. 주인이 계속 살고 싶다 해서 전세를 받고 천천히 수리 계획을 생각했다.

그 와중에 서촌의 재발견이 나를 살렸다. 예전에 알고 지내던 주민을 다시 만났고, 대화를 나누며 가속화되는 변화에 대한 걱정을 공감했다. 그리고 무엇보다 2010년 서울시에서 시행했던 '경복궁 서측 지구 단위 계획' 때문에 옥인동을 빼

고는 재개발 가능성이 거의 사라졌다. 그러나 난개발 문제가 오히려 더욱 악화되었고, 이제는 목소리를 높여야겠다고 생각했다.

어떻게 목소리를 높여야 할지 몰라서 트위터를 한번 이용해 봤다. 강한 내용을 계속 올리자 이에 공감하는 트윗이 조금씩 올라가기 시작했다. 나처럼 걱정하는 사람들이 생각보다 많아 주민 모임을 만들어볼 생각을 했다. 당시에 알고 지내던 주민 두 명과 같이 예비 모임을 준비했다. 모임 시간에는 아무도 안 왔지만, 조금 후 열 명 정도 왔다. 서로 인사하고 이야기를 나눈 뒤 다시 모이기로 했다. 그다음에는 조금 더 많이 나왔고, 준비 모임을 세 번 정도 하다가 '서촌주거공간연구회'를 설립하게 되었다. 준비 모임에서 뜻밖에 회장을 맡게 되었는데, 나로서는 함께 모임을 만든 주민이 회장으로 더 적절하다고 생각했지만 외국인인 나를 믿고 부탁하는 데 감동을 받아 결국 거절하지 못했다. 그 모임 덕분에 인생에서 가장 어려운 시기를 버틸 수 있었다.

서촌주거공간연구회는 다양한 사람을 만날 수 있는 기회였고, 무엇보다 내가 그 모임의 중심이었기 때문에 서울대에서처럼 소외감을 느끼지 못했다. 당시 사랑이 필요한 상황에서 누군가가 나에게 관심을 갖는다는 것은 약이었다. 학교에서 만나는 학생들도 그랬지만, 그들과는 함께 놀면서 술 마시고 하질 못했다. 그러나 서촌주거공간연구회는 회원과 같이 답사도 하고 흥미로운 토론도 나누고 그 뒤에는 술자리를 많이 했다. 거의 주말마다 모여서 같이 놀았는데, 2011년 가을, 한국에 살면서 나의 유일한 해방구가 되었다. 그리고 지역에서 떠오르는 이슈 때문에 종로구, 서울시와 갈등이 생겼지만, 그 인연으로 만난 좋은 공무원과 신문 기자들도 많았다.

아쉽게 그 즐거운 시절은 1년뿐이었다. 다른 모임과 마찬가지로 서촌주거공간연구회가 커지면서 내부에서 파벌이 생기고 갈등도 생겼다. 결국 물밑에 있던 갈등이 폭발하면서 모임이 깨졌다. 내가 회장에서 내려오고 모임을 떠나 무척 마음이 아팠다.

다행히 모임이 깨졌을 때 체부동에 매입한 한옥 수리 계획을 시작했다. 모임에 참여했던 황인범 대목(서울한옥 대표), 황진하 건축사(볕터건축사사무소 대표)를 만나 계획을 진행했다. 이번에는 모임 회장이 아니라 건축주 입장이었는데, 중요한 점은 내가 보람을 느낄 수 있는 '내 것'이라는 것이었다. 앞서 이야기했듯이 서울대 그리고 나아가 한국 교육학계에서 느낀 소외감 때문에 사랑, 아니 사랑이 아닌 관심을 받고 싶었다. 어머니가 돌아가신 뒤에는 더욱 그랬다. 그런데 여기서 강조하고 싶은 것은 서울대가 '나빴다'는 것이 아니라 내가 서울대에서 타자였기 때문에 어쩔 수 없는 상황이었다는 점과 나만 서울대에서 타자가 아니었다는 점이다. 그리고 2010년 초부터 활동하기 시작한 '왕립아시아학회(Royal Asiatic Society Korea Branch)'에서 만난 외국인을 보며 자기 사업을 하는 외국인은 한국에서 행복하게 살지만 한국의 조직에 속한 사람은 불만이 있다는 걸 알았다. 또 그것은 외국인의 문제만이 아니라는 것도 알게 되었다. 그래서 아픈 마음을 치유하기 위해선 내가 중심이 돼야 했지만, 나만 피해자가 아니었기 때문에 피해 의식이 별로 없었다. 오히려 주류가 아닌 다양한 한국인과의 연대감이 강해졌고, 그것은 한국 사회를 이해하는 데 많은 도움이 되었다.

'즐거이 언어를 배우는 곳'

2012년 여름 방학 동안 설계도를 확정하고 서울시 '한옥 심의회'의 승인을 받아 건축 허가를 받고 나서 8월 말에 공사를 시작했다. 매일 아침 현장에 가서 공사 진행 상황을 보고 학교로 갔다. 철거, 목공, 와공, 내부 공사, 마감 과정을 모두 지켜보면서 한옥에 대한 이해가 깊어졌고, 그와 관련해서 일하는 사람과도 좋은 관계를 맺었다. 보통은 간단한 인사 교환만 했는데, 가장 인상 깊었던 점은 내가 외국인이라는 걸 의식해서 대해주지 않은 것이었다. 학계에서는 '외국인'을 어떻게 대해야 할지 모르는 사람이 많았고, 그 해결책은 나를 무시하는 것이었다. 다른 외국인 교수도 비슷한 경험을 했고 특히 한국어를 모르는 사람은 고생한 것으로 알고 있다. 그런데 현장에서 일하는 사람들은 나를 그냥 아저씨처럼 대해주었는데, 어찌 보면 지식인보다 더 '글로벌화'되었다고 볼 수 있다. 그래서 현장에 있는 시간은 공사 현황을 파악하는 것 이외에 또 하나의 해방구가 되었다. 그 때문에 공사가 끝난 뒤에도 다른 현장에서 그 사람들을 보면 늘 고마운 마음으로 인사했다.

집을 지으면서 평생 잊을 수 없는 두 개의 행사를 치렀다. 그 중 하나가 10월에 가졌던 상량식이었다. 황인범 대목이 상량식을 준비해줬고 상량문을 낭독하면서 처음으로 '어락당(語樂堂)'이라는 집 이름을 공개했다. 어락당은 내가 언어를 즐거이 배우는 것을 표현하기 위해서 정한 것이었다. 그날은 날씨가 무척 좋았고 300명 정도 참석해서 정신이 없었지만 많은 사람이 한옥에 대한 관심을 보이고, 또 서로 소통하는 것을 보면서 감동을 받았다. 그리고 당시 참석했던 연구 모임인 '몸도시 포럼'을 주도해온 최재원 큐레이터가 서촌 중심으로 '흐르는 골목' 행사를 기획하며 어락당 현장을 동네 작가의 전시장으로 사용했다. 그 바람에 상량식을 하고 일주일 동안 어락당은 소통이 가득한 전시장으로 변했다. 그리고 내가 1988~1989년 혜화동 한옥에 살았을 때의 사진 두 장을 전시한 게 신기하면서 반가웠다. 특히 밤에 뼈대 위에 개판(蓋板)으로 덮은 지붕 아래 작품이 전시된 모습이 매우 아름다웠다. 평생 가장 감동받은 일주일 중 하나였고, 어락당이 서로 만나지 못했던 사람을 만나게 하는 소통의 장이 된 것은 전혀 예상치 못한 반가운 일이었다.

2013년 2월 어락당이 완공되고, 이사하기 전에 황인범 대목의 제안으로 10일간 집을 공개했다. 그동안 공사를 지켜본 동네 사람들, 주거용 한옥을 본 적이 없는 젊은이, 페이스북 친구, 옛 친구, 그리고 수많은 사람이 집을 보러 왔다. 디자인을 도와준 박지만 라이프인스탈로(Lifeinstallo) 대표, 그 외 자문을 준 젊은 건축가 덕분에 집이 무척 예쁘게 나왔다. 어락당을 지

어락당 입구(위), 마당(가운데), 내부(아래)

을 당시 서촌에는 크게 고친 한옥이 아직 없어서 내가 선구자가 된 셈이었다. 조금이라도 이웃에 좋은 영향을 미쳤으면 하는 마음이 있었는데, 집을 개방한 뒤 이웃으로부터 자기 집도 수리하고 싶다는 이야기를 듣고 보람을 느꼈다. 이미 같은 골목에 사는 분은 가까운 곳의 한옥을 대수선하기로 했고 옆집도 검토 중이었다. 가장 보람 있는 것은 바로 앞에서 어락당 공사 과정을 지켜본 렌터카 주차장 주인이 한옥을 몇 채 짓는 계획을 검토한 것이다. 그곳은 인왕산이 잘 보이는 서촌의 가장 아름다운 곳 중 하나지만 법적으로는 한옥 지정 구역이 아니었다. 그래서 한때 빌라가 올라갈 거라는 소문이 퍼지기도 했는데, 어락당의 영향을 받아 원래 한옥이 있던 곳에 다시 한옥이 들어왔다.

개강 전에 어락당으로 이사하고 3년 만에 다시 서촌 주민이 되었다. 집은 기대했던 것 이상으로 좋았고 언론에서도 관심을 보여 취재와 촬영이 많았다. 취재 오는 기자가 거의 대부분 젊은 사람인 데다 어떤 때는 '너무 몰라서' 힘들었지만, 한옥, 역사 보존, 도시 문제에 대한 이야기를 나누는 동안 새로운 것을 배운다는 즐거움을 눈빛으로 확인할 수 있는 자리여서 오픈 하우스 때처럼 보람을 느꼈다. 1990년대 초부터 한옥에 대한 관심이 있었고, 어락당을 통해 한옥의 문화적 가치를 사회에 전하고 싶었기 때문에 취재하러 오는 기자를 친절하게 대했다. 가장 큰 보람은 나에게 필요한 행위가 한국 사람에게는 자기 문화를 새롭게 볼 수 있는 기회가 되었다는 것이다. 사랑을 주어야 나 역시 받는 것이어서 이때는 사랑을 많이 주고받으며 살았다.

2013년 말이 되었을 때, 2014년 8월이면 서울대 임기가 끝나는데 재임을 포기하기로 했다. 소외감은 버틸 수 있었지만, 더 이상 소외된 사람으로 살고 싶지 않았다. 그러나 그다음이 문제였다. 서촌에서 활동하고 어락당을 짓는 동안 자기 사업이나 자기 일을 하는 사람을 많이 만나면서 나도 한번 사업을 해볼까 하는 생각이 들었다. 물론 사업이 그렇게 쉬운 일은 아니라는 것을 알고 있었고 사회에 도움이 되면서 독창성 있는 것을 하고 싶었는데 그것이 뭘까 계속 고민했다. 그리고 집값이 비싼 서울보다 지방 도시에서 하는 게 나을 것 같았다. 2012년부터 조금씩 지방을 다녔는데, 2013년에는 더 많이 돌아다녔다. 지방을 다니고 사업을 생각하다 보니 막힌 학계를 잊어버리고 새로운 희망이 생기면서 옛날 한국에서 느꼈던 매력을 다시 느꼈다. 왜냐하면 지방이 옛날 같아서가 아니라,

한국에서 새로운 발견을 했다는 즐거움과 앞으로 할 일에 대한 희망을 느꼈기 때문이다.

그래도 사업은 그냥 하는 것이 아닌 터라 당시 많이 지쳐서 미국에 가고 싶은 마음이 생겼다. 그래서 일단 서울을 떠나 미국에 가서 잠시 쉬면서 사업을 검토하기로 했다. 떠난다는 말은 슬프게 들리지만, 서울대를 마무리하면서 보람을 느꼈다. 소외감 속에서도 교수로서의 할 일은 다했고 석사 학위 제자를 몇 명이나 배출했다. 더 많은 논문과 책을 썼으면 하는 마음이 있었지만, 그럴 만한 상황이 아니었기 때문에 마음이 편했다. 그리고 귀중한 기회를 준 서울대가 늘 고마웠다.

사업 자본금을 모으기 위해 어락당을 팔았다. 미국에 가면 얼마나 있을지도 모르는 데다 집을 임대하면 상할 수도 있고 관리가 어려워서 내린 결정이었다. 쉬운 결정이 아니었지만, 나에게 어락당의 의미는 짓는 과정에서의 소통과 그 당시의 즐거운 순간이었기 때문에 미래를 위해서는 어쩔 수 없는 결정이었다.

보람과 아쉬움 그리고 희망을 갖고 2014년 8월 한국을 떠났다. 2008년에는 서울대 때문에 왔지만, 돌아갈 때는 서울대가 주변적 존재가 되어버렸다. 서울대를 떠나면서 그동안 느꼈던 소외감이 사라지고, 답답한 현실에 대한 대안을 만들어 새로운 나라를 만들려고 하는 사람과 소통하면서 나도 희망을 갖게 되었다. 그리고 수많은 사람과 귀중한 시간을 갖게 되어, 일본 생활을 버리고 한국에 온 것을 전혀 후회하지 않았다. 다음 장에선 잠시 미국 고향에 돌아가고 나서 느낀 것을 이야기하고, 이 책의 남는 부분에 내가 바라는 것과 그것을 현실화하는 문제에 대해 이야기할 것이다.

제6장

사람의 가치는 얼마인가?

고향에서 다시 한국을 생각하니

KINGSLEY

CORNWELL

LAWRENCE

DIVISION

CATHERINE

STATE

THAYER

INGALLS

ANN

E. HURON

1978년 앤아버 역사 답사 지도

보존 운동의 변화

2014년 9월, 잠시 일본을 여행하고 고향인 앤아버에 돌아와 살았다. 앤아버에 있는 미시간대 부속 병원에서 태어나 대학원 다닐 때까지 쭉 살았기 때문에 앤아버는 말 그대로 고향이다. 미국 도시 분류를 보면 앤아버는 '대학촌(college town)'에 속하고 그중에서도 유명한 곳이다. 앤아버 한복판과 북쪽을 차지하고 있는 명문 미시간대학교 때문이기도 하지만, 또 한편으로는 1960년대 학생 운동의 영향을 받아 진보 정치의 실험장이기 때문이다.

1985년에 앤아버를 떠난 지 29년 만에 다시 살게 되었는데, 반갑고 편했다. 일단 '외국인', 아니 '외계인'에서 해방되었다. 앤아버는 70퍼센트가 백인이어서 나는 그 수많은 백인 아저씨 중 한 명이었기 때문에 사람들 눈에 띄지 않고 군중 속의 익명성을 즐길 수 있었다. 그리고 어딜 가든 추억의 장소를 만났다. 부모님과 같이 갔던 곳, 친구와 놀았던 곳, 대학 때 자주 다녔던 건물들이 모두 눈앞에 있었다. 추억을 떠올리면서 지금은 안 계신 부모님을 보고 싶은 마음에 슬프기도 했지만, 추억과 소통할 수 있어 반가운 마음이 들기도 했다. 오래간만에 고등학교 동창을 만나 떠들면서 앤아버의 문화생활을 즐겼다.

처음 몇 개월 동안 가장 흥미로운 것은 그동안의 변화였다. 없어진 가게와 새로 생긴 가게 등 미묘한 분위기의 변화가 많았다. 가장 크게 바뀐 것은 앤아버가 '대학촌(college town)'에서 '대학 도시(university city)'로 변한 모습이었다. 인구가 옛날보다 많이 늘지 않았지만, 시내에 새로운 아파트가 들어서고 사람이 많아 '도시 분위기'를 느끼게 했다. 그리고 옛날과 달리 앤아버가 지역 소비 도시가 되어 주말에 주변 지역에서 놀러 오는 사람도 늘어나 맛있는 식당과 카페가 많이 생겼다. 시내가 활기 차서 좋았지만, 옛날의 헌책방이나 개성 있는 가게가 많이 없어져서 다양성을 잃은 느낌이었다. 물론 그동안의 디지털 혁명으로 인한 사회 변화 때문에 어쩔 수 없는 부분이었다.

그리고 서울에서처럼 2015년 봄부터 지역 활동에 참여하기 시작했다. 1967년에 설립한 '구서측주민협의회(Old West Side Association)'에서 매년 개최하는 오픈 하우스 준비 모임에 참여하기로 했는데, 서촌의 한옥 답사와 오픈 하우스의 흥미로운 차이를 발견했다. 서촌의 경우, 집이 중심이었고 인테리어는 주변적 요소였는데 앤아버는 반대였다. 여러 가지 이유가 있지만, 앤아버는 보존의 역사가 더 길고 오래된 집이 더 흔해서 집 자체보다 집을 어떻게 활용하느냐에 대한 관심이 더 많다. 오픈 하우스 준비 모임에 참석하면서 많은 이웃을 알게 되었고, 1960년대 말부터 시작된 보존 운동의 역사도 알게 되었다.

앤아버의 보존 운동 역사는 1960년대의 많은 사회 운동과 관련이 깊다. 1960년대 초에 베트남 전쟁을 반대하는 학생 운동이 미시간대에서 시작되었고, 전쟁이 심해지면서 1960년대 후반에 전국적으로 확산되었다. 당시엔 다른 사회적 운동이 많았는데, 그중 가장 중요한 것이 흑인 인권 운동이다. 그 외 여성 운동, 환경 운동, 동성애자 인권 운동 그리고 역사 보존 운동이 1970년대까지 활발했다. 앤아버는 반전 학생 운동 때문에 다른 운동도 활성화되었고 '대안 사회(counter culture)' 문화의 핵심 도시 중 하나였다. 1967년에 보존 운동을 했던 주민은 당시에 젊었고, 경제적 이익을 노리고 투명하지 않은 과정을 통해 결정된 난개발을 반대했다. 그런 이유로 앤아버의 보존 운동은 문화재급 건물의 '역사적 가치'보다 역사적 생태라고 할 수 있는 역사적 경관의 보존에 초점을 맞추고 있다. 내가 앤아버 출신인 만큼 역사적 경관에 대한 관심이 있었고 나중에 그런 이해를 바탕으로 서촌에서 활동했는데, 한국에선 잘 통하지 않는 개념이라 언론이나 남 보기에 이해하기 쉬운 '한옥지킴이'가 되었다. 한옥은 경관(景觀)의 중요한 부분이기 때문에 경관을 좀 더 강조했으면 서촌의 상업화 문제를 더 일찍 공론화할 수 있지 않았을까 생각한다.

사회적 자본이라는 프리패스

이 모임에 참여하면서 또 다른 흥미로운 점을 발견했다. 모임의 핵심 회원은 60대가 많아서 50대 초반인 내가 가장 젊었다. 서촌에서 활동할 때와 정반대였는데 신기했다. 앤아버는 대학

앤아버 머리(Murray) 길 1970년대(위), 2000년대(아래)

촌인 만큼 젊은 사람이 많다. 그리고 2010년대에 들어오면서 밀레니얼 세대(1980~2000년에 태어나 디지털 환경에 익숙한 세대)가 부상하고, 사회에 많은 영향을 미친 베이비붐 세대가 쇠퇴하기 시작했다. 나는 베이비붐 세대 끝 무렵에 태어나 정신적으로는 그다음 세대인 X세대와 비슷하다. 미국에서 가장 큰 사회 갈등은 베이비붐 세대와 밀레니얼 세대 간의 갈등인데 나는 그 가운데에 있기 때문에 양쪽을 이해하지만, 양쪽에서 느끼는 거리감도 있다. 그래서 오픈 하우스 준비 모임 때 트위터나 인스터그램 사용법을 다 알 거라는 전제하에 말을 꺼냈는데 인스터그램이 뭐냐고 질문받아서 놀랐다. 반면 서촌에서는 30대와 시간을 많이 보냈기 때문에 밀레니얼 세대의 힙스터적 감수성을 알 수 있었다.

세대 차이와 함께 느낀 것이 미국에선 세대 간의 소통이 많지 않다는 사실이다. 오픈 하우스 준비 모임을 하는 사람들이 거의 다 60대인 데 비해 카페에서 노트북으로 글 쓰는 사람은 거의 20~30대이다. 세대 간 소통의 방법이 없어서 그런지, 아니면 소통할 기회가 없어서 그런지 모르지만, 서로 소통을 많이 하지 않기 때문에 생각과 생활 방식이 화석화하는 경향이 있다. 물론 한국도 비슷한 상황이라고 볼 수 있지만, 그래도

형·동생, 선후배 같은 관계가 있어서 자기와 나이 차이 나는 사람을 만났을 때 나름대로 대하는 방법이 있다. 서촌에선 젊은 사람과 많이 소통했는데 나는 자연스럽게 형, 선배 또는 스승 역할을 했다. 미국에는 친구 역할밖에 없어서 겉으로 보기에 나이 차이가 많아도 친해질 수 있지만, 인생의 경험이 다르기 때문에 친해지기는 어렵다. 일본은 한국과 비슷해서 나이 차이 때문에 남과 친해지기 어렵다는 것을 앤아버에 와서 처음 느끼며 한국의 장점을 다시 한 번 절감했다.

한국의 또 다른 장점을 발견했다. 예전부터 그렇게 생각했지만, 한국 사람은 대체로 접근하기 편하고 다정하다. 모르는 사람에겐 냉정하지만, 조금 알고 나면 다정하다. 미국 사람도 그렇지만 차이가 나는 것은 한국 사람은 쉽게 시간을 내준다는 점이다. 일반화하기는 어려우나, 미국 사람도 다정하지만 시간을 잘 내주지 않는다. 그래서 많은 한국 유학생이 미국 친구를 만들기가 어렵다고 하는데, 그것은 같은 나라 사람일지라도 마찬가지다. 그 때문에 미국에서 결혼한 사람은 부부 중심으로 활동하고 독신은 친구 만들기가 어렵다. 그런 까닭에 앤아버에 돌아왔을 때 고등학교 친구 몇 명은 쉽게 만날 수 있었지만, 새로운 친구는 만들기가 어려웠다. 예상하지 못한 것도 아니고 그렇게 실망이 크지 않았지만, 한국 사람의 편하고 다정하게 대해주던 모습이 그리웠다.

그리고 또 하나의 흥미로운 발견은 사회적 자본의 힘이다. 사회적 자본이라는 것은 개인이 활용할 수 있는, 사회에서 '가치'로 인정하는 경험(교육이나 경력)과 지속적인 인맥이라고 할 수 있다. 한국에서 흔히 말하는 혈연, 지연, 학연과 같은 신뢰가 짙은 인간관계 네트워크가 사회적 자본의 중요한 부분이다. 사회적 자본을 어떻게 활용하고 생산하느냐에 따라 한 개인이 사회 입지를 확보하고 그에 따라 이익을 얻을 수 있다.

이것은 언론에서 일반적으로 사용하는, "사회 자본은 사회적 참여(engagement)에 의해 형성된다"는 로버트 퍼트넘(Robert Putnam, 1941~)의 정의와 다르며, 프랑스 철학가 피에르 부르디외(Pierre Bourdieu, 1930~ 2002)의 정의와 유사하다. 부르디외에 따르면 "사회적 자본이란 지속적인 네트워크 혹은 상호 면식이나 인정이 제도화된 관계"이다. 부르디외의 정의는 일반 정의보다 비관적이며, 사회적 자본은 사회의 불평등한 구조를 재생산하는 데 영향을 미친다.

한국에 사는 동안 나는 일단 한국 사람이 아니므로 출발부터 사회적 자본이 다르고 소외 대상인 타자이면서 한국 사람끼리 작용하는 미묘한 편견에서 해방된다. 그러나 미국, 특히 고향 앤아버에선 반대로 타자는 아니지만, 미묘한 편견이 작용한다. 그것은 인종이나 젠더보다 사회적 위치 그리고 나이에 대한 것이다. 앤아버는 뉴욕 같은 상업 도시가 아니기 때문에 위아래의 범위가 넓지 않아 교육이 가장 중요한 '자본'이 된다. 그래서 그 서열의 정점에 미시간대 교수가 있는데 그중에서도 유명한 교수가 가장 좋은 대우를 받는다. 미시간대 교수 아래에 박사 학위의 전문직, 그다음은 석사 학위의 전문직이 있다. 지역 상인은 입장이 애매한데 오랫동안 사업하고 지역 주민에게 사랑받는 상인은 어느 정도 사회적 자본이 있다. 그리고 앤아버는 대학촌이어서 나이에 대한 편견이 심하다. 일반 학생, 대학원생, 젊은 학자, 교수의 위치에서 벗어나면 그때부터 편견이 작동하기 시작한다. 물론 인종 또는 젠더에 대한 편견이 없는 것은 아니지만, 내가 백인 남자이기 때문에 느끼지 못한 부분이 많다.

나는 앤아버에서 '독립 학자' 또는 '프리랜스 라이터'로 활동하기 때문에 애매한 존재이다. 박사 학위가 있는 미시간대 졸업생이지만, 먼 외국에서 교수로 지내다가 그 나이에 앤아버에서 교수도 하지 않은 사람의 '가치'는 계산하기 어려운 것이다. 타자이기 때문에 서울대에서 느낀 소외와는 성격이 조금 다르지만, 고향에서 약간 '맞지 않다'는 생각에 은근히 또 다른 소외를 느끼기 시작했다.

그 와중에 사회적 자본이 무엇인지, 그것이 우리 삶에 어떤 영향을 미치는지 고민해봤다. 한국에서 살 때는 '외국인' 혹은 '서울대 교수'라는 명백한 틀 안에서 나의 사회적 자본도 그만큼 이해하기 쉬웠고 활용하기도 쉬웠다. 명함을 던지면 문이 열렸다. 그런데 앤아버에 와서야 사회적 자본이 애매한 한국 사람의 어려움을 이해하게 되었고, 그 애매함 때문에 압박을 받아 인생의 가치관이 왜곡되는 사람이 많다는 것도 알았다. 1997년 갑자기 닥쳐온 경제 위기 속에 구조 조정으로 인한 해고가 사회적으로 왜 그렇게 어려웠는지, 왜 SKY 대학을 입학하기 위한 경쟁이 치열한지를 새삼스레 알게 되었다. 스펙을 따야 한다는 제도 자체가 사회적 자본을 불공평하게 분배하는 시스템이기 때문에 젊은 세대의 분노도 이해할 수 있었다. 제7장에서는 희망에 대한 이야기를 하면서 이 사회적 자본의 문제도 포함해 다룰 것이다.

제7장

21세기의
한국인

1984년 버티고개 달동네

선진국의 우울

2015년 초에 미국 오바마 대통령의 국정 연설 중에서 가슴에 가장 와 닿은 내용이 우리가 이미 21세기에 들어온 지 15년이 지나갔다는 지적이었다. 2020년이면 21세기가 벌써 5분의 1이 지나간 시점이 될 것이다. 20세기 말에 21세기는 먼 미래와 같은 느낌이었지만, 그 미래가 바로 눈앞에 왔다. 국정 연설에서는 21세기의 남은 80여 년 동안 어떤 미래를 만들어나갈 것인지에 대한 질문도 담겨 있었다.

지금까지 내가 살아오면서 맺은 한국과의 인연을 밝히고,

인생의 여러 시점에 한국은 어떤 나라였는지에 대한 느낌도 썼다. 그러한 맥락에서 지금, 2016년의 한국이 어떤 나라인지를 살펴봐야 한다. 이에 답하기 위해서는 또 다른 책을 몇 권 쓸 수 있지만, 여기서 중요한 것은 세계 속의 한국이 어떤 나라인지, 그리고 내부적으로 한국을 만든 이들은 어떤 사람들인지 한번 생각해볼 필요가 있다.

다른 나라 사람과 마찬가지로 한국 사람은 자기 나라의 세계적 입지를 잘 느끼지 않는다. 가장 큰 이유는 지난 장에 이야기한 사회적 자본으로 인해 본인의 입지를 벗어나지 못하고 객관화하기가 어렵기 때문이다. 미국의 경우, 1831년에 미국을 여행했던 프랑스 학자 알렉시 드 토크빌은 그 당시 느낀 것을 『미국의 민주주의』에 정리했다. 외국인이 바라본 것이었기 때문에 더 객관적이라는 평을 받아 지금도 많은 이들이 읽는 책이다.

2016년의 한국을 객관적으로 보면 지구 상 200여 개국 중에서 크게 성공한 나라에 속한다. 1945년에 채택된 '유엔 헌장' 전문(前文)에는 "더 많은 자유 속에 사회적 진보와 생활 수준의 향상을 촉진할 것"이라고 쓰여 있는데, 이러한 결의는 유엔개발계획(UNDP)이 만든 '인간 개발 지수(HDI)'에 반영되어 있다.

'인간 개발 지수'는 실질 국민 소득, 평균 수명 및 교육 수준과 관련된 여러 지표로 계산하는데, 2015년 말에 발표한 결과를 보면 한국은 17위로, '아주 높은 인간 개발(Very High Human Development)'에 속했다. 여기에 속한 국가는 일반적으로 '선진국'이라고 부를 수 있다.

'아주 높은 인간 개발'로 지정된 국가를 자세히 보면 흥미로운 현상을 몇 가지 알아낼 수 있다. 그중 하나는 인구 많은 나라가 별로 없고, 인구 많은 나라 중에서도 거의 모든 나라가 제국주의 역사가 있지만, 한국은 예외이다. 그리고 식민지 경험이 있는 나라가 몇 개 있지만, 20세기에 식민지 지배를 당한 나라는 한국과 아일랜드밖에 없다. 한국은 20세기의 식민지 지배, 이후의 정치적 혼란 그리고 내전이라 할 수 있는 한국 전쟁 때문에 매우 가난했는데도 21세기 초에 선진국 대열에 진입하고, 20세기에 식민지 지배의 피해를 안겨준 일본이나, 대형 제국인 프랑스보다 '인간 개발 지수'가 높게 나온 것은 기적이다. 2010년에 더 단순한 기준으로 보면 한국은 1인당 명목 국내 총생산(GDP)이 2만 달러 이상, 인구 5000만 명 이상 되는 7개국으로 구성된 '2050 클럽'에 진입했다.

그러나 '인간 개발 지수'에는 '유엔 헌장' 전문에 언급한 '더 많은 자유'에 대한 지표가 없다. 즉 민주주의의 발달에 대한 계산이 없다. 가장 권위 있는 민주주의 지수는 영국의 『이코노미스트』지가 만든 것으로, 2014년에 167개국 중에서 한국은 21위였으며 '완전한 민주주의(full democracy)'였다. 조사 국가 중 24개국이 '완전한 민주주의'였는데 우루과이, 모리셔스 그리고 코스타리카를 제외한 나머지 21개국은 '아주 높은 인간 개발' 국가였다. 흥미로운 것은 한국은 민주주의 사상이 깊은 프랑스보다 순위가 높았고 20위인 일본에 이어 아시아에서 2위였다.

'인간 개발 지수'와 '민주주의 지수'를 보면 한국이 유럽, 북미 그리고 일본이라는 '선진 민주 국가' 클럽에 진입했다고 볼 수 있다. 1960년대의 경제 발전, 1980년대의 민주화 운동으로 한국은 "더 많은 자유 속에 사회적 진보와 생활 수준의 향상을 촉진"했다고 결론 내릴 수 있다. 그리고 한국 전쟁이 끝난 1953년의 상황을 생각하면 다른 어느 나라보다 더 빠른 속도로 이러한 성과를 이루어냈다.

문제는 많은 한국 사람이 이러한 사실을 잘 알지도 못하면서 현실에 대해 불만이 많은 것이다. 그 원인이 뭘까? 그리고 앞으로 만족할 만한 사회를 어떻게 만들 것일까?

사라진 개천의 용

앞에서 언급한 것처럼 지금 한국 사회는 많은 사람에게 희망을
주지 못해 허망한 분위기가 퍼지고 있다. 고령화와 경제 성장
둔화가 큰 영향을 미치면서, 아니 그보다는 금전적·사회적 자
본이 집중함으로써 1960년대 경제 성장기에 생긴 '코리안 드
림'이 멀어졌다. 새마을 운동 노래 「잘 살아보세」처럼 대다수
국민이 열심히 일하면 좋아질 거라고 믿으면서 일했다. 예를
들면 내가 1988년 혜화동 한옥에 살 때 부엌 옆방에 충청남도
에서 올라온 젊은 부부가 살았다. 가끔 마당에서 이야기를 나
누었는데, 아저씨가 충청남도 농촌 마을에 태어나 군대 마치
고 고향 아가씨와 결혼한 뒤 더 좋은 기회를 찾아 1988년 봄에
서울로 이사 왔다. 1980년대에 그와 비슷한 이야기를 많은 한
국 사람에게 들었는데 바로 '코리안 드림'이다.

여기서 중요한 것은 역시 사회적 자본이다. 한국은 19세기
말부터 제국주의로 인한 고통 때문에 지배 계층의 사회적 자본
이 계속 변했다. 조선 시대의 양반은 일본 제국주의의 침투로
몰락하고 일제 강점기엔 친일파 지배 계층이 생겼다. 해방 후
엔 그 지배 계층이 대한민국 설립에 많이 참여했지만 1961년

박정희가 권력을 잡으면서 크게 몰락하고 고도성장기부터 새로운 지배 계층이 형성되어 오늘날까지 영향을 미치고 있다.

1960년대에 형성된 지배 계층은 갈수록 화석화되어, 그 계층으로의 진입이 어려워졌다. 지배 계층에 진입하려면 더 많은 스펙이 필요하고 그 스펙을 따기 위해서는 자본이 필요하다. 1980년대까지만 해도 개인의 힘으로 공부해서 좋은 대학을 나오면 지배 계층인 화이트칼라에 진입할 수 있었지만, 지금은 경제적 부담이 크다. 1990년대부터 지배 계층이 더욱 화석화되면서 결혼을 통해 사회적 자본을 유지하거나 확대하는 것이 뚜렷해졌다. 그런 까닭에 1970년대 또는 1980년대 학번인 교수, 건축가, 변호사, 의사와 같은 전문직 종사자 중에는 어렵게 살아온 지방 출신이 많다. 그들은 예전의 가난했던 시절을 딛고 '코리안 드림'을 통해 사회에서 성공했다. 그런데 1990년대 학번, 특히 2000년대 학번 이후의 전문직을 만나면 대부분 서울 출신으로, 아파트에 살고 부모의 경제적 지원이 없었으면 성공하지 못했을 거라는 인상을 받는다. 이렇듯 계층 간 이동이 화석화하면서 불만이 더 커져 국제적으로 한국의 위상이 크게 좋아져도 한국 내에서 느끼지 못하고 있는 것이다.

그런데 여기서 중요한 것은, 한국 사람이 지배 계층에 진입하고 싶어 하는 이유이다. 한국의 긴 역사를 보면 항상 지배 계층이 적고 대신 그 밑에 어렵게 사는 백성이 많았다. 이것은 인류 역사의 보편적 현상이기도 하지만, 한국은 유럽이나 일본처럼 지배 계층이 다양해지면서 여러 권력 사이의 경쟁이 많지 않았다. 지배 계층과 백성, 그 뚜렷한 구별이 현재 '강남'과 서민이라는 말에 반영되어 있다. 즉 '강남'은 행정 구역보다 지배 계층의 사회적 자본을 말하는 것이고, 서민은 그렇지 못한 대중이다. 예전에 서민은 어렵게 살았고 지금도 그런 면이 없지 않지만, 살아가는 데 어려운 것보다 불안하게 살기 때문에 '강남'으로 진입하고 싶어 한다. 2014년의 세월호 참사는 서민의 불안의 상징이 되었고, 정부의 늦고 무능한 대응 때문에 분노가 계속되고 있다. 그리고 이미 '강남'에 진입한 사람은 서민의 불안을 알기 때문에 '강남'을 유지하는 데 필요한 사회적 자본에 더 예민하고 더 많이 가지려고 한다. 결국 두 계층 모두 불안해하는데, '있음'과 '없음'의 차이이다.

이렇듯 계층 간의 이동이 화석화하면서 사회적 자본에 더욱 예민해지고, 제6장에서 이야기한 것처럼 이상주의적 인상에 맞추기 위해 얼굴까지 바꾸는 성형 수술은 사회적 자본이 되었다. 서민은 '강남'으로 진입할 수 있는 확률을 조금이라도 높이기 위해, '강남'에 있는 사람은 그 자리를 지키기 위해 성형 수술을 한다. 이것이 계속 악순환하면서 거의 모든 젊은 여성, 그리고 최근에는 많은 젊은 남성까지 성형 수술을 받는다.

요즘 젊은 사람 중에서 사회적 자본에 대한 욕심을 버리고 자신이 하고 싶은 일을 하는 계층이 생겼다. 반사회적 행위라기보다 사회를 지배하는 고정 관념을 거부하고 새로운 삶을 찾는 행위이다. 이 계층의 특징은 저마다 개성이 있고 표현이 자유롭다. 즉 '강남'에 대한 관심이 없기 때문에 이를 무시하고 자기 하고 싶은 것을 한다. 서울의 '뜨는 동네'에서 쉽게 찾을 수 있는 카페 주인, 공방 주인, 와인 바 주인, 레스토랑 주인 그리고 그곳을 찾는 젊은 '크리에이티브 클래스(creative class, 창의 계층)' 손님들이 대표적 사례이다. 물건보다 체험, 소유보다 공유를 중시하는 감성은 미국의 힙스터와 유사하다.

이런 현상은 다른 선진국에서도 찾을 수 있다. 예를 들면 '아메리칸 드림'이 갈수록 멀어지는 미국에서도 불만이 많아지면서 2016년 대통령 선거에 영향을 끼치기 시작했다. 민주당 쪽에선 떳떳하게 사회 민주주의를 강조하는 버니 샌더스 후보가, 공화당에서는 매일 화제를 던지며 "아메리칸 드림은 죽었다"고 주장하는 도널드 트럼프 후보가 예상 밖의 지지를 얻었

1980년대 청계천

다. 유럽과 일본은 예전부터 희망의 구호인 '드림'을 그만큼 믿지 않기 때문에 상황은 조금 다르지만 불만이 많은 것은 마찬가지여서, 그 불만이 정치에 영향을 끼친다.

지금 전 세계적으로 좌우, 진보 대 보수의 갈등이 심해지는 이유도 여기에 있다. 좌파 또는 진보는 현재에 대한 비판이 강하고 변화가 있어야 한다는 입장이지만, 우파 또는 보수는 현재에 대한 만족감 때문에 현상을 유지하기 위해 변화를 거부한다. 제2차 세계 대전 이후 북미, 유럽 그리고 일본에서는 중산층이 커지면서 정치 갈등이 완화하고 중산층의 영향력도 증가했다. 한국 역시 독재 때문에 역사의 흐름은 조금 다르지만, 민주화하면서 중산층의 역할이 커졌다. 그러나 2000년대에 들어와 사회가 화석화되고 희망이 사라지면서 정치 갈등이 심해졌다. 보수 쪽에서는 나라가 위대하다고 외치는가 하면 진보 쪽에서는 나라가 죄를 지었다고 주장한다. 그 사이에 중립은 없고, 양쪽에서 중간 쪽이 약하다고 비난만 한다.

그런데 객관적으로 보면 양측 주장이 모두 맞다. 즉 한국은 유엔 '인간 개발 지수'가 높은 것처럼 위대한 국가이면서도, 세월호 참사가 말해주듯 서민이 불안하게 사는 죄의 국가이다. 그것은 다른 나라도 마찬가지인데 어떻게 보면 좌파와 우파의 극단적 대결 때문에 건설적인 정치 토론이 불가능한 시대이다. 이를 극복하기 위해서는 양쪽 주장의 맞는 부분을 인식하고 새로운 제안을 내놓아야 한다. 한국은 변화가 그만큼 빨랐기 때문에 갈등이 더 심하다고 볼 수 있지만, 희망을 주지 못하는 현 상황을 극복하기 위해서는 더욱더 새로운 제안이 필요하다.

인류의 오랜 숙제, 부의 분배

근본적인 문제는 앞에서 논의한 대로 '강남' 계층의 기득권과 서민 계층의 소외이다. 이를 완화하기 위해서는 '강남' 계층의 기득권을 분배해야 되고 서민의 안전을 향상해야 하는데, 다른 나라에서 쉽게 역사적 사례를 찾을 수 있다. 미국은 대공황의 원인 중 하나로 지적된, 1920년대에 심해진 부(富)의 집중을 극복하기 위해서 1930년대에 분배하는 정책을 도입했다. 그리고 제2차 세계 대전 이후에도 1960년대까지 부의 분배 중심으로 정책을 도입하면서 미국의 빈곤율이 많이 개선되었고 중산층도 확산되었다.

일본의 사례도 참고할 만하다. 제2차 세계 대전의 원인 중 하나로 1930년대의 부와 권력의 집중이 지적되었기 때문에 패전 뒤 미국 점령군과 일본 민주 세력이 힘을 합쳐 새로운 나라를 만들기 시작했다. 점령군의 행정 기구인 최고 사령부에는 뉴딜 정책의 영향을 받은 진보적 관료가 많았다. 1947년 5월에 시행한 일본 헌법은 이러한 영향을 볼 수 있다. 예를 들면 최고 사령부 정치부에서 통역관을 맡은 비아테 시로타 고든(Beate Sirota Gordon, 1923~2012)이 남녀평등에 대한 제14조와 여성의 권리에 대한 제24조를 썼다. 그리고 제9조에는 국가의 권리로서 '전쟁'을 포기한다는 이상주의적 내용이 있다. 그래서 오늘날 일본 헌법은 '평화 헌법'으로 부른다. 또 전쟁의 원인 중 하나인 부와 권력의 집중을 해결하기 위해 재벌을 해체하고 토지 개혁을 도입하면서 중산층을 키울 수 있는 경제 민주화 토대를 마련했다. 그리고 민주주의 사상을 보급시키기 위해서 교육 개혁을 시행했다.

중요한 것은 최고 사령부가 군국주의에 반대했던 일본의 진보 또는 좌파 세력과 협력을 한 점이다. 가타야마 데쓰(片山哲, 1887~1978)가 1947년 5월에 일본 역사상 최초로 사회당 출신의 총리가 되면서 '노동기준법'과 같은 진보적 법안이 시행되었다. 5주 출산 휴가와 그 기간 동안의 해고 금지 등 당시 미국보다 노동자를 보호하는 내용이 많았다. 패전 뒤의 첫 총리인 친미 자유주의자 요시다 시게루(吉田茂, 1878~1967)는 1948년부터 다시 총리가 되었지만, 1949년에 실행한 '노동조합법'은 노동조합을 법적으로 인정하면서 보호를 받게 했다. 이러한 개혁을 바탕으로 일본은 1950년대 말에 '국민건강보험법'과 '국민연금법'을 도입했다.

이러한 개혁에도 불구하고 일본 사회는 갈등이 많았고 중산층이 약했다. 권력의 분배는 어느 정도 되었지만, 부의 분배가 필요했는데 사회적 갈등을 악화하는 방법보다 당시 총리인 이케다 하야토(池田勇人, 1899~1965)는 1960년 총리가 되자 10년 안에 국민의 평균 소득을 두 배로 늘린다는 '국민 소득 배증 계획(国民所得倍増計画)'을 발표했다. 이것은 사회 복지망을 강화하고 공적 건설을 통해 중산층을 확대하는 데 목표를 두고 있다. 1960년대 내수가 튼튼해지면서 일본 경제는 힘을 얻어 1970년에는 경제 대국으로 부상했다. 이 같은 성장 덕분에 생활 수준이 올랐고 고용이 잘되어 그야말로 희망의 시대였다.

여기서 중요한 것은 한국이 일본을 모델로 삼아 계속 따라온 것이다. 특히 1944년에 일본 육군 사관 학교를 졸업하고 1945년까지 만주에서 복무했던 박정희는 일본의 사례를 많이 참고했다. 1930년대 후반과 전쟁 기간 중에 일본이 만주에서 벌인 공공 공사 작업을 보고 1950~1960년대 수출 중심의 경제 성장 모델을 모방했다. 물론 박정희 때부터 북한과의 대결 때문에 정책적으로 중산층 양성에 신경을 썼지만, 경제적 불평등을 고려한 '인간 개발 지수'는 한국의 순위가 17위에서 32위로 떨어진다. 이것은 아직 부의 분배에 문제가 있음을 보여주는 것으로, 선진국 중에서는 미국이 비슷한 상황인데 한국과 미국의 열악한 복지 제도를 반영한다. 한국은 복지 제도 중 하나인 연금 제도가 열악해서 2015년 경제협력개발기구(OECD)의 조사에 따르면 한국의 노인 평균 빈곤율은 49.6퍼센트로 OECD 국가에서 1위였다.

문제는 독재 정권이었기 때문에 부 그리고 특히 권력 분배에 한계가 있었다. 독재 정권은 민의로 설립된 것이 아니어서 권력을 남용하며 유지한다. 이를 위해서 정권을 지지하는 세력에 무언가를 계속 주어야 한다. 보통은 금전적 혜택인데 그것은 일자리부터 고급 뇌물까지 다양하다. 그래서 독재 정권이 약해지면 혜택을 덜 받는 계층이 먼저 이탈한다. 독재 정권 치하에서 혜택을 받는 사람이 많으면 오래갈 수 있지만, 경제가 성장하면서 혜택을 받지 않은 다수의 반발이 시작된다. 그래서 한국은 일본과 달리 독재 정권 때문에 부와 권력 분배가 더 늦게 온 것이다.

그런데 여기서 문제가 되는 것은 민주화 운동이다. 그 운동은 4·19 혁명에 뿌리가 있고 독재 정권의 억압을 받으며 계속 민주화를 위해 애써왔다. 핵심은 말 그대로 민주화인데, 그것은 자유선거, 표현의 자유 그리고 인권 존중이었다. 1987년 직선제 대통령 선거를 실시하고 그 후 자유선거를 치르면서 민주화 운동은 성과를 얻고 1997년에 역사상 첫 번째 평화적 정권 교체가 이루어졌다. 그 결과, 미국의 흑인 인권 운동처럼 제도적 문제를 해결하면서 더 깊은 심리적 문제까지 해결된 것처럼 보이기 시작했다. 한국의 경우 자유선거가 성공하면서 더 뿌리 깊은 인권과 권위주의 문제에 대한 관심이 사라졌다. 그러한 맥락에서 권력과 부의 집중, 즉 '강남'의 분배에 대한 관심이 사라졌다. 물론 노무현 대통령이 제안한 세종시 건설과 같은 노력이 있었지만, 사회 전반에 걸쳐 '강남'의 지배가 계속되었고 2010년대에 들어오면서 '강남'과 서민의 격차는 오히려 더 커졌다.

과거와의 결별에 익숙한 세대

- -

2016년 현재 '강남'의 부와 권력을 분배하고, 금전적·사회적 자본 없이도 살아갈 수 있는 희망을 주는 사회를 만드는 것이 큰 과제이다. 이 과제를 완벽하게 해결한 나라는 지구 상에 없지만, 그러한 논리는 결국 현상 유지의 핑계일 뿐이다. 사회 변화를 추구하는 데 목표를 높이 세우고 그 반 정도라도 달성하면 상황은 더 좋아질 것이다.

지배 계층인 '강남'의 형성은 근본적으로 개인과 가족의 안전을 찾는 행위이다. 20세기 고통의 역사를 보면 왜 그런지를 쉽게 알 수 있다. 미시적으로 한번 생각해보자. 오래된 왕조가 무너지고 엄격한 외세의 지배를 받았으며, 커다란 피해를 부른 내전이 있었다. 1890년에 태어난 사람은 한국 전쟁이 끝났을 때 예순세 살이 된 셈인데, 모든 혼란과 고통을 겪어왔을 것이다. 그가 스무 살 때 아이를 낳았다면 그 아이는 유신이 선포된 1972년에 예순두 살이었을 것인데, 또 같이 혼란과 고통을 겪어왔을 것이다. 그가 스물다섯 살 때 아이를 낳았다면 그 아이는 1960년의 경제 성장기에 활약할 나이로 '코리안 드림'을 통해 안정을 찾았지만, 1997년 경제 위기가 왔을 때는 여든둘이었을 것이고, '코리안 드림'이 튼튼하지 못하다는 것을 깨달았을 것이다. 그리고 그의 손주들은 1970년대의 엄격한 독재와 민주화 운동을 겪고 지금은 노후를 걱정하며 또 다른 불안을 느낀다. 이렇게 보면 '강남'으로 진입하고 싶어 하는 욕심은 뿌리가 깊고, 일단 진입하면 불안해할 확률이 낮다.

그런데 앞에서 소개한 새로운 가치관을 추구하는 젊은 층을 보면 조언을 얻을 수 있다. 주류 사회를 무시하고 새로운 가치관을 만들려 하는 것은 경제적 토대가 있고 도전할 만큼 안정을 느끼기 때문에 가능한 일이다. 미국의 밀레니얼 세대와 같은 한국의 젊은 층은 한국 역사상 처음으로 민주 선진 국가에서 태어난 세대라 독재도 모르고 빈곤도 모른다. 예를 들어 1987년 민주화 운동이 성공한 해에 태어난 사람은 2016년에 스물아홉 살로, 처음 인터넷에 접근한 것은 청소년 때였고 20대 내내 스마트폰을 사용했을 것이다. 그가 기억하는 대통령은 김대중 대통령부터일 것이다. 이런 사람에게 자유선거, 아파트 생활, IT, 해외여행, 외식, 지하철, 고급 카페 등은 흔한 경험이어서 생존은 불안한 것이 아니다. 그래서 무리한 스펙 경쟁을 포기하고 자기가 하고 싶은 것을 취미처럼 추구해 나간다.

물론 모든 젊은이가 그처럼 여유 있는 것도 아니고 아직까지 '강남'이라는 고정 관념이 사회를 지배하고 있지만, 변화가 오는 것은 확실하다. 선진 민주 국가라는 사회적 안정 속에 교육 수준도 많이 올라갔다. 서촌에서 활동할 때 교육 수준 차이를 몸으로 느꼈다. 어르신 주민 가운데 대학을 졸업한 사람은 적은 반면 서촌주거공간연구회에서 활동하는 20~40대는 거의 다 대졸이었고 그중에는 대학원 학위를 받은 사람도 있었다. 교육 수준이 높아지면 삶의 방식, 즉 '라이프스타일'에 대한 관심과 함께 개성도 생긴다. 무조건 '강남' 진입은 '라이프스타일'을 생각할 정신적 여유가 없고 삶이 불안한 사람에겐 답이 될 수 있지만, 충분한 교육을 받고 자아를 발전시키려 하는 개인에게는 답이 될 수 없다. 서촌의 재개발 논쟁도 바로 이런 차이를 반영하고 있다.

이러한 변화에도 불구하고 한국은 현재 건강한 희망을 찾을 수 있는 사회가 아니며, 노력 없이는 그렇게 될 수 없다. 문제는 새로운 가치관을 추구하는 젊은이는 소수이고, 어떻게 보면 극소수이다. 이러한 변화를 더 넓게 퍼뜨리기 위해서는 '강남'의 부와 권력을 분배해야 한다. 이 말은 혁명을 일으키라는 것이 아니다. 미국의 대공황 때처럼, 일본의 제2차 세계 대전 이후처럼 부의 집중을 통제하고 권력은 더 작은 단위로 나누면서 더욱 다양한 사회 기관을 키워야 한다. 물론 한국은 미국이나 일본이 아니므로 한국의 현실에 맞는 개혁이 필요하지만, 박정희 때처럼 '한국형'을 너무 고집하면 보수주의의 명분이될 것이다. 중요한 점은 미국이나 일본의 사례보다 더 뚜렷한 공감대와 비전을 세우는 것이다. 즉 건강하고 희망이 가득한 사회를 만들기 위해 부와 권력을 분배해야 한다는 공감대가 형성되면 자연스럽게 그 방법을 찾을 것이다.

희망은 요구하는 자의 것

그런데 누가 그 찾는 행위를 해야 하는가? 그것은 정치가 또는 관(官)이 시민에게 주는 게 아니라 시민이 요구해야 한다. 한국은 아직 권위주의가 깊지만, 1980년대 민주화 운동을 비롯해 1997년의 선거를 통한 정권 교체 역사를 볼 때 변화를 요구할수 있는 능력이 충분하다. 문제는 방법이다. 현재 한국에서 변화를 요구하는 세력은 아직도 1980년대의 '독재 타도' 방법으로 활동하고 있다. 그리고 비전을 제시하면서 그에 대한 공감대를 만들지 못하고 감정적 사건에 반응하거나 감정적 이슈를 찾아내어 떠든다. '강남'의 특권을 유지하는 세력은 이 사실을 잘 알기 때문에 무시하고 버티면 된다고 생각한다. 그리고 선거 결과를 보았을 때 이런 증거를 찾을 수 있다. 즉 2004년의 총선 이후 두 번의 대선과 두 번의 총선 그리고 세 번의 지방자치제 선거가 있었는데, '강남'의 특권을 유지하는 세력은 2010년과 2014년 선거를 제외하곤 변화를 요구하는 세력보다 더 많은 표를 얻었다. 지방자치제 선거에서 변화를 요구하는 세력의 결과가 더 좋았다는 것은 흥미롭다.

따라서 중요한 것은 1980년대 식의 가두시위나 2000년대 식의 촛불 집회가 아니라 선거를 통해 승리하는 것이다. 아주 단순한 이야기지만, 변화를 요구하는 세력이 이를 이해하지 못하는 것은 더 심각한 문제를 암시하고 있다. 인터넷과 SNS 시대에 광화문에서 100만 명이 모여 '민의'를 보여줘도 영향력이 별로 없고 오히려 부정적 영향을 미칠 가능성이 있다. 그러므로 변화를 요구하는 세력의 가장 중요한 과제는 낡은 1980년대 투쟁 방식의 틀에서 벗어나 어렵게 도입한 자유선거를 통해 승리한 뒤 시민의 대표 자격으로 변화를 실현하는 것이다.

지하철 안에서 사람들의 의견을 물어보면 다양한 답이 나오듯, 민주주의는 원칙적으로 애매모호한 측면이 있다. 비슷한 생각을 갖는 사람은 서로 모여 제도를 통해 자기 의견을 반영하려고 노력하지만, 그 안에서도 의견은 다양하다. 민주주의는 또한 종교처럼 믿음을 요구한다. 즉 민주주의가 제대로 기능하기 위해서는 '민의'가 정답이라는 것을 믿어야 한다. 그 절차에 대한 논쟁은 얼마든지 할 수 있지만, 사회 구성원이 공평하다고 여기는 제도를 통해 반영한 민의를 인정하고 결과에 승복해야 한다. 민의가 틀렸다고 생각하면 특정한 개인 또는 단체의 판단력이 더 우수하다는 의미인데, 이는 독재와 다를 바 없다. 민주주의 사회에서는 결과에 대한 불만이 아무리 많아도 민의가 옳다는 것을 잊지 말아야 한다.

'강남'의 부와 권력 분배를 실현하기 위해서는 플라톤 그리고 미국의 제3대 대통령인 토머스 제퍼슨이 강조한 것처럼 시민의 노력과 판단력이 있어야 한다. 한국은 '인간 개발 지수'가 높고 교육 수준이 매우 높은 나라로서, 1980년대 민주화 운동 이후 정치·사회에 대한 시민의 참여와 관심이 높다. 그러나 민주주의의 역사가 짧기 때문에 앞으로 더 깊은 민주주의를 실시하기 위해서는 시민의 지속적인 관심과 참여 그리고 무엇보다 민주주의에 대한 믿음이 필요하다. 그렇게 되면 지금 '일베'가

외치는 '한국이 최고' 대(對) 좌파가 외치는 '헬조선'이라는 비건
설적 논의, '강남'을 유지하려는 보수 대 변화의 비전을 제시 못
하는 진보의 대결을 극복하고 더 많은 사람에게 희망을 줄 수
있는 나라를 만들 것이라 믿고 있다.

그러나 희망은 그냥 생기는 것이 아니며, 누군가 거저 주는 것
도 아니다. 희망은 결국 사회 구성원들의 끝없는 소통 속에 형성
되는 것이다. 그리고 '희망' 자체는 사람마다 다르기 때문에 '행
복'처럼 주관적이다. 2014년 미국에 살면서 느꼈고, 2015년 한
국과 일본을 여행하면서도 느꼈고, 2016년 겨울에 네덜란드와
벨기에를 여행하면서 또다시 느꼈다. 각 사회마다 '희망'에 대
한 정의가 다른데, 어느 나라의 것이 더 좋은지는 판단하기 어
렵다. 그런데 크게 보면 미국은 개인이 희망과 행복을 찾아야
되는 사회이고, 일본과 네덜란드는 사회가 안정을 보장하기
때문에 희망과 행복에 대한 논의가 적다. 일본은 유럽식 복지
국가가 아니지만, 단체 의식이 강해서 개인이 속해 있는 직장
이 국가의 역할을 한다. 이렇게 보면 미국이 근본적으로 더 불
안한 사회이지만, 개인이 꿈을 꿀 수 있는 자유로운 분위기가
있다. 반면에 일본과 네덜란드는 좀 더 안정되어 있고 공공의
역할이 잘 보인다. 두 나라 모두 미국과 달리 대중교통이 매우

잘되어 있고 공공 인프라도 잘 갖추고 있다.

그렇다면 한국은 어떨까? 한국은 미국과 일본의 영향을 많이 받았고, 역사상 공동체 의식이 강하기 때문에 복잡하고 갈등도 많다. 1960년대부터 형성된 '코리안 드림'은 근본적으로 강력한 지도자나 '사회 지도층'이 국민에게 희망을 주는 원리여서 강한 공동체 의식을 반영한다. 그 속에서 형성된 재벌도 근본적으로 비슷하고 학교, 교회도 비슷하다. 즉 공동체의 지도자가 구성원에게 희망을 주고 개인은 그렇게 받은 것으로 행복해야 하며 고마워해야 한다. 개인이 다른 희망을 갖고 지도자가 주는 것을 고맙게 생각하지 않을 때 갈등이 생기는데 독재 대 민주 세력 간에 이어지는 갈등은 이 구도에서 읽으면 된다. 즉 독재 세력으로부터 혜택을 받는 사회 지도층이 국민에게 경제 발전의 성과를 안겨주면서 그것만으로도 행복해야 한다고 생각했기 때문에 민주주의라는 다른 희망을 갖고 있는 사람들을 억압한 것이다.

한국 사회는 민주화를 통해 많이 다양화했지만 아직까지는 희망에 대한 공론이 충분하지 못하고, 박근혜 대통령의 행복에 대한 논의에서 볼 수 있듯이 과거의 공동체 의식이 많이 남아 있다. 문제는 자기 입맛에 맞게 '희망'을 정의하고 이를 국민에게 주는 사회 지도층의 비민주적인 생각이다. 마찬가지로 마르크스주의를 바탕으로 '희망'을 혁명으로 해석하고 이를 지도하려는 극좌파도 비민주적이다. 한국의 정치 구도에선 민주주의를 근본적으로 이해 못하는 세력이 강해서 더 깊은 민주주의를 기대하기가 어렵다.

따라서 한국의 과제는 공동체 의식 속에 비민주적 집단주의를 민주화하는 것이다. 인간은 공동체 안에서 살기 때문에 공동체 의식이 중요하고 긍정적인 측면도 많지만, 몇천 년 동안 그리스에서 내려온 민주주의는 개인의 생각, 개인의 선택, 개인의 책임에 중심을 두므로 개인의 존재를 인식해야 하며 개인을 존중해야 한다. 그것은 미국식 개인주의를 도입하려는 것이 아니라 민주주의를 심화하기 위한 조건이다. 그리고 개인이 논의의 핵심이 되어야 개인의 안정을 위한 정책을 도입할 수 있다. '헬조선'이라는 비관론에도 불구하고 개인적으로 희망을 정의하고 행복을 찾는 젊은 세대를 보면 민주주의가 좀 더 깊게 뿌리내릴 거라는 낙관적인 생각이 든다.

제8장

'제3의 나'와
한국인

2014년 3월 교남동

언어의 한계는 곧 세계관의 한계

어릴 때 역할극을 좋아했는데, 특히 에릭이라는 친구와 함께 즐기며 놀았다. 비올라를 좋아하는 그는 음대에 가서 프로 연주자가 되었다. 나는 고등학교 때 언어에 흥미를 느껴 대학 전공을 일본어로 하게 되었고, 한국에 와서는 한국어를 집중적으로 공부했다. 또 고등학교 때는 스페인어를, 대학원 때는 라틴어를 공부했다. 그 외에도 독일어, 한문, 프랑스어, 중국어 그리고 몽골어는 취미처럼 공부했다. 왜 그렇게 언어를 좋아했을까?

학교 다닐 때 학점이 좋아서 그랬지만, 그보다는 다른 언어를 배우고 사용할 때 나는 다른 사람이 되면서 해방을 느낀다. 각각의 언어마다 사용하는 사람의 문화와 독특한 분위기가 반영되어 있다. 그래서 한 언어로 쉽게 통하는 농담은 또 다른 언어로 하기 힘들다. 게다가 한 언어 안에서도 방언마다 조금씩 달라 분위기도 다르다. 그런 까닭에 다른 언어를 사용하면 새로운 세상을 발견하고 새로운 정체성을 만들 수 있다. 그리고 그 언어를 매일 사용하면 그 언어로 산다고 말할 수 있다.

그런데 모어(母語) 하나로 사는 것이 흑백이라면, 두 가지 언어로 사는 것은 컬러이고 언어 세 개 이상으로 사는 것은 3D 컬러이다. 보통 한국에서 '외국어' 하면 영어를 의미하는데 사람들은 모어로서의 한국어 그리고 외국어로서의 영어를 배운다는 생각이 지배적이다. 그러나 자세히 보면, 영어 외에 다른 나라 언어를 배우는 사람도 많고 특히 관광 분야에선 예전부터 일본어, 최근엔 중국어를 잘하는 한국 사람이 많다. 잘 알려져 있듯이 유럽의 경우에는 대졸자 중에 최소한 세 가지 언어를 구사하는 사람이 많다. 인도는 언어 천국인데, 한 가족 안에 여러 언어를 사용하는 것이 흔하다.

여러 언어를 배우는 것은 한국의 미래와 어떤 관계가 있을까? 답을 찾기 위해서는 한국의 20세기 고통의 역사에서 언어가 무엇을 의미하는지부터 살펴야 한다. 그리고 그 내용이 앞으로 희망을 주는 나라와 어떤 관계가 있는지가 가장 중요하다.

나는 보통 한국 사람과 마찬가지로 모어가 하나이다. 이런 사람을 '단일 언어 사용자'라고 한다. 단일 언어 사용자는 제2언어를 배울 때 평생 처음으로 다른 문법 체계와 음성 체계를 만나게 된다. 이것들이 모어와 다르면 다를수록 배우는 데 고생이 많다.

언어는 그 나라의 문화를 반영하기 때문에 제2언어를 배우면 다른 가치관 및 사고방식과 접하게 되고 이를 통해 세계관이 넓어진다. 예를 들면 영어는 문법을 통해서 표시된 존댓말과 반말이 없지만, 한국어는 존댓말과 반말이 있고, '해요체'와 '합쇼체'의 차이도 있다. 그래서 영어를 모어로 하는 화자는 한국어를 배우면서 언어를 통해 사회적 서열이 표현되는 새로운 세계관을 만나게 된다. 미시적 차이도 흥미롭다. 예를 들면 일본어로 집에 '들어와라'는 말은 '올라와라(お上がりください)'는 의미인데 이것은 일본 전통 가옥의 현관과 다다미방의 높이 차이를 반영한다. 한국어의 '방'은 바닥 난방이 되는 방이라는 뜻인

데 한옥에 몇 개가 있는지 물어보면 대청을 빼고 대답한다. 그러나 영어 모어를 쓰는 화자는 대청도 '방(room)'이라고 생각하기 때문에 답을 이해하기 어렵다. 이처럼 한국어나 일본어를 배우면 새로운 시각으로 건축을 보게 된다.

제2언어를 배우면서 이렇게 시야가 넓어진다면 또 하나의 언어, 즉 제3의 언어를 배울 때는 더할 것이다. 단일 언어 사용자가 두 언어를 잘할 경우, 그 언어와 문화를 모어와 비교하기 때문에 객관화하기 어려울 때도 있고, 제2언어와 그 언어에 담긴 문화는 늘 마음속의 타자가 된다. 그러나 제3의 언어를 배우면 또 다른 문화와 세계관을 알게 되고 모어가 영원한 출발점이라 해도 두 타자가 있기 때문에 서로 타자화하기 어렵고 객관화하는 데 도움이 된다. 물론 어느 누구든 객관화하기 어렵고 꾸준히 노력해야 되기 때문에 세 가지 언어 이상을 배웠다는 것은 객관화를 보장하지 않지만, 대신 그 가능성을 높여준다.

이쯤에서 타자화와 객관화가 왜 중요한지를 살펴봐야 할 듯싶다. '타자'는 자기기 아닌 사람이고, 사회는 타자가 서로 협력해서 같이 만든 것이다. 심지어 가족도 그렇다. '타자화'라는 것은 자기와 다른 집단의 차이를 강조함으로써 접근하기 어려운 대상 또는 공격의 대상으로 만드는 것이다. 그 과정에서 자기와 비슷한 집단의 단결을 꾀하게 되고, 그 단결은 또 다른 목적으로 활용된다. 단결은 여러 사람 사이에 연대감을 형성하는 데 도움이 되는 긍정적인 부분이 있지만, 타자화한 집단에 대한 차별의 원인도 된다.

객관화는 무엇인가를 다각적으로 보면서 개인의 편견이 개입하지 않은 상태에서 '있는 그대로 보고 분석할 수 있는 능력'이다. 객관화가 어려운 이유는 정보, 경험 그리고 노력의 부족에 있는데, 제3의 언어를 통해서 '제3의 나'를 만들면 더 넓은 세계관과 시야를 키워나갈 수 있다.

최근 한국에 대한 글을 쓰는 외국인이 많아졌는데, 가장 아쉬운 점이 있다면 한국과 자신의 나라를 비교하는 것이다. 특히 미국 사람이 쓴 글이 그런데, 한국은 다 좋고 미국은 다 나쁘다는 이분법 사고가 많다. 이것은 '탈타자화'하기 위한 노력을 반영하지만, 객관화되지 못한 까닭에 글이 흥미롭지 않다. 그리고 이러한 탈타자화 행위는 또 다른 타자화가 될 수 있기 때문에 글을 읽으면서 점점 답답해진다. 한국은 다 좋을 수도 없고 미국 역시 다 나쁠 수도 없다. '제3의 나'의 입장에서 보면 모든 문화에 흥미로운 부분이 있다. 그러므로 한국이 성공한 부분과 과제, 미국이 성공한 부분과 과제, 일본이 성공한 부분과 과제 등을 다각적으로 이해하고 생각할 필요가 있다. 그러한 다각적인 이해를 통해 여러 문화를 좀 더 객관적으로 볼 수 있을 뿐만 아니라 문화 자체에 대한 호기심이 넓어지면서 더 많은 사람과 소통할 수 있게 된다.

이 이야기는 21세기의 한국 사람과 깊은 관계가 있다. 한국은 민족주의가 강한 나라인데, 최근에는 한국인과 결혼해서 한국에 자리를 잡고 사는 외국인이 많아졌다. 또 해외에 나가 사는 한국 사람도 많아졌다. 많은 한국 사람이 옛날과 달리 타자와 교류하는 시대가 되었고, 앞으로 더욱 더 그럴 것이다. 옛날 학교에서 배운 '단일 민족'이 사라지기 시작했고 21세기를 지나면서 점점 더 사라질 것이다. 1990년대의 낭만적 '글로벌화'에 대한 비판이 많지만, 국제 교류는 계속될 뿐만 아니라 오히려 더 심화할 것이다. 따라서 어떻게 보든 한국 사람은 '타자'와 살아야 하는데, 이때 뿌리 깊은 민족주의는 장애가 될 수 있다. 그리고 이런 사실을 부정적으로 받아들이기 전에 그 역사적 이유를 살펴볼 필요가 있다.

19세기의 요청, 민족주의

20세기가 시작된 1900년에는 제국주의가 세계를 휩쓸고 있었다. 아프리카의 많은 부분을 영국과 프랑스가 지배했고, 아시아는 타이와 일본을 제외하고 제국주의가 기세를 떨쳤다. 중국과 조선은 공식적으로 독립 국가였지만, 제국주의 강대국의 영향으로 자주권을 잃기 시작했다. 삼국 시대부터 이어진 중화사상이 지배하는 패러다임은 붕괴 직전이었다. 조선은 청일전쟁 이후 세력을 확장하는 일본을 경계하기 위해 개혁 중이었고, 청나라도 일본에 패한 데 충격을 받아 개혁을 시작했다. 그러나 20세기 들어 일본이 군사적으로 힘을 키운 뒤 한반도에 깊이 관여했을 때 일본보다 때늦게 시작한 조선 개혁은 그 힘을 막지 못했다. 결과적으로 1910년 일본은 한국을 흡수하고 식민 통치를 시작했다.

일제 강점기의 상처를 이해하려면 중화사상의 지배 아래 조선에서 형성된 소중화(小中華)의 정체성을 이해할 필요가 있다. 조선은 오랫동안 세계 중심국인 중국을 섬기면서 중국 다음의 나라 서열을 유지했다. 그것은 현재 우리가 생각하는 국력이 아니라 중국에 가장 많은 사절단을 보냄으로써 중국의 유교 사상을 실천하는, 즉 소중화를 잘하는 나라로서의 정체성이었다. 이러한 사고방식에 따르면 일본은 조선보다 한 수 아래의, 문화가 덜 발달한 나라였다. 그런 수준 낮은 나라의 지배를 받게 된 조선으로서는 엄청난 충격이었고, 그것은 오늘날까지 큰 영향을 미치고 있다.

일본은 조선만큼 소중화하지 않았지만, 성리학은 에도 시대의 지배 이데올로기였으므로 그 내용을 잘 알고 있었다. 1868년의 메이지 유신(明治維新)은 중화사상을 부인하고 탈아입구(脫亞入歐)를 강조한 '위에서부터 내려온 혁명'이었기 때문에 중화사상을 낡은 사상으로 만들어버림으로써 그 혁명을 정당화할 필요가 있었다. 19세기 말에 조선의 숱한 갈등은 같은 논점을 중심으로 이루어졌다. 즉 조선이 소중화를 버리고 '국력' 패러다임에 걸맞게 변화할 것인지 아니면 소중화 속에서 필요한 변화를 할 것인지에 논점을 두었다. 그러한 논쟁에서는 무엇보다 소중화와 단절한 일본의 존재가 컸다. 메이지 유신이 일어난 1868년에 조선이 보여준 흥선 대원군의 보수적인 정책은 소중화를 지키기 위한 것이었다. 1884년에 갑신정변(甲申政變)을 주도한 김옥균은 일본의 메이지 유신과 같은 개혁을 꿈꾸었지만, 명성황후와 중국의 개입으로 실패했다. 그 이후는 명성

황후와 고종이 소중화 속의 개혁을 주도했는데, 결국 보수 속의 개혁일 뿐이었다.

그러나 외세의 침략으로 중국의 국력이 약해지면서 조선의 소중화의 정체성도 흔들리기 시작했다. 역사를 보면 질서를 유지하던 지배 패러다임이 무너질 때 그 혼란 속에 질서를 다시 확립할 지배 패러다임이 탄생한다. 결국 동북아시아에서 중화사상이 무너지면서 외세가 가져온 제국주의와 자본주의를 바탕으로 형성된 '국력' 패러다임이 지배하게 되었고, 오늘날도 형태를 달리하며 계속 지배하고 있다. 일본은 이러한 패러다임의 전환을 일찍 알고 메이지 유신을 통해 적응했지만, 조선에는 새로운 패러다임의 얼굴이 서양 국가가 아니라 자기보다 한 수 아래의 일본이었기 때문에 새로운 패러다임에 적응하기가 어려웠다. 오히려 일본의 탈아입구가 중국을 무시하는 행위로 보여 조선은 더욱 경악했다.

이 와중에 민족주의라는 제3의 길이 생겼다. 중국이 약해지면서 수운(水雲) 최제우(崔濟愚, 1824~1864)가 동학이라는 이상주의적 사상을 정립했는데, 이 사상은 유교·불교·도교 그리고 무속 신앙을 혼합한 것으로 인도주의와 평등을 강조했다. 그러나 소중화를 강조하는 흥선 대원군이 이를 용납하지 않아

1863년에 최제우는 체포되었고 이듬해에 참형을 당했다. 조선의 국력이 약해지면서 서양 선교를 포함해 외세가 더 깊숙이 들어오자 동학은 이에 대한 저항 사상으로 나타나 공평한 토지 분배, 노예 제도 철폐, 연좌제 폐지 등 농민 사이에 인기를 끌면서 널리 퍼졌다. 1894~1895년에 농민의 불만이 폭발해 일어난 동학 농민 혁명으로 고종이 요구 일부를 받아들였지만, 혁명을 진압하는 데 중국이 개입하는 바람에 청일 전쟁의 불씨가 되었다. 그리고 청일 전쟁에서 일본이 승리함으로써 한반도에 대한 영향력이 커졌다.

동학 농민 혁명은 비록 새로운 세상을 만들지 못했지만 조선의 지배 이데올로기가 아닌 평등 의식과 민족주의 개념을 포함한 사상으로 사회 변화를 주도하려 했다. 그것은 당시 쇠퇴하는 중국과 새로 부상하는 일본 틈에 끼여 있던 조선에 외세를 경계하고 자주적으로 나라를 만들 수 있다는 제3의 길을 보여주었다. 여기서 가장 중요한 개념이 자주를 지키기 위해서는 외세를 경계하는 것이었고, 이 개념은 한국 민족주의의 기본 사상이 되었다. 중화사상이 무너지고 일본의 침략이 강해지면서 이처럼 자주를 강조하는 민족주의가 미래의 불안에 대한 해답이었기 때문에 3·1운동을 비롯해서 오늘날까지 힘을 잃지 않고 있다.

그러나 중화사상과 민족주의는 결국 일본의 침략을 막지 못했다. 조선을 통치하기 위해서 일본은 치밀하게 준비했는데 중요한 작업 중 하나가 통치의 명분이다. 오랫동안 소중화를 지켜온 한국의 경우 특히 명분이 중요했다. 일본은 사상적으로 중화사상의 가치를 떨어뜨려야 중국의 영향에서 벗어날 수 있다. 그리고 민족주의는 매우 위험하기 때문에 엄하게 통제해야 했다. 이러한 상황에서 일본은 새로운 지배 이데올로기를 만들 필요가 있었고, 조선을 확실히 통치하기 위해 일본이 만든 지배 이데올로기가 바로 '내선일체(內鮮一體)'였다. 즉 조선은 일본의 일부이며, 조선인도 일본인이다. 이는 서구의 일반적인 식민 통치 정책이 아닌 조선을 흡수하고 조선의 민족성을 없애는 '민족 말살' 정책이었다. 이를 위해서는 먼저 민족의 정체성이 되는 언어, 종교 그리고 공동체 의식을 없애야 했다.

일본은 조선을 흡수하면서 중앙 정부 기능을 가진 조선 총독부를 설립했고, 천황을 대표하는 총독이 독재자처럼 권력을 가졌다. 초대 총독 데라우치 마사다케(寺內正毅, 1852~1919)는 학교를 설립하고, 토지 조사 사업 그리고 치안 확립에 초점을 두었다. 일본어만으로 수업하는 학교는 동화 정책의 핵심이었다. 그리고 학교를 통해서 정보를 독점하고 일본의 지배 이데올로기를 보급했다. 토지 조사 사업은 주인이 확실하지 않은 땅의 소유권을 개발업체인 동양 척식 주식회사(東洋拓殖株式會社)에 넘긴 뒤 친일파나 일본에서 건너온 일본인에게 다시 판매함으로써 일본 통치에 충실한 부유층을 만들었다. 치안은 헌병 경찰제를 통해서 확립했는데, 이 제도는 육군의 헌병에게 민간 경찰의 권리를 주고 함께 통치하는 방법이었다. 일반 경찰은 철도, 항구, 도시 중심으로 활동했고 헌병은 군사 시설, 국경 그리고 일반 경찰의 보조로 활동하면서 독립운동가, 농민 봉기 그리고 종교 활동을 감시하고 탄압하는 데 중요한 역할을 했다.

일본은 '내선일체'를 중심으로 동화 정책을 펼치면서 자신들의 통치를 정당화하는 서사가 필요했다. 그것은 바로 소중화(小中華) 조선은 무능하고 침체한 나라였고 그 철학적 배경인 유교 사상도 낡은 것이라는 주장이었다. 그 무능한 나라 대신 서양의 '국력' 패러다임으로 경쟁력을 갖춘 일본의 통치가 필요하며 그렇게 함으로써 서양의 제국주의를 막을 수 있다. 일본에 필요한 것은 역사의 단절과 미래에 대한 기대였으며, 메이지 유신은 이와 같은 이데올로기를 잘 활용했다. 일본은 조선을 억압하면서 이런 이데올로기를 심기 위해 조선이 무능했다는 서사를 교육과 모든 정보망을 통해서 보급시켜야 했다. 그리고 더욱더 효과적으로 보급시키기 위해서 이 이데올로기를 따르는 친일파를 만들어야 했다. 토지 관리를 통해서 일본에 호의적인 생각을 갖는 사람에게 땅을 분배하는 방법은 가장 빠르고 효과적이었다.

1919년의 3·1 독립운동은 엄격한 일본 통치에 맞서 일어난 반동이다. 운동을 주도한 사람들은 당시의 엘리트였지만, 시민들 사이에서도 널리 호응받을 수 있었던 이유는 엄격한 통치에 대한 반동이었기 때문이다. 선언의 불씨를 댕긴 것은 1919년 1월 21일에 죽은 고종의 독살설과 2월에 열렸던 제1차 세계 대전을 종료하려는 파리 강화 회의에서 미국 우드로 윌슨 대통령이 제안한 '민족 자결주의'를 조선에 적용할 수 있으리라는 기대였다. 중국 상하이에서 신한청년당이 1919년 1월에 미국 프린스턴 대학에서 영문학 석사 학위를 받은 김규식(金奎植, 1881~1950)을 파리 강화 회의에 보내 조선의 독립을 위한 지지를 얻으려 했지만, 발언할 기회조차 없었고, 그 활동을 응원하는 중국이 회의에 불만을 품고 도중에 불참했다. 그리고 2월 8일 이광수를 중심으로 한 도쿄에 있는 조선인 유학생들은 '2·8 독립 선언'을 발표했다.

3·1운동의 흥미로운 점은 독립 선언서에 서명한 민족 대표 33인 중 15명이 천도교, 16명이 개신교, 2명이 불교 인사라는 것이다. 천도교는 동학 농민 혁명의 기본 사상인 동학에서 체계화한 종교이기 때문에 이들의 사상은 평등과 민족주의였다. 민족 대표 33인을 통해 해방 후의 정치적 갈등과 분단 그리고 오늘날 한반도에 지속된 정치 갈등을 볼 수 있다. 즉 민족의 독립과 번영에 대한 걱정은 같지만, 그 방법에 대한 차이가 크다. 한쪽은 문을 닫아야 외세를 경계할 수 있다고 제안하고, 또 한쪽은 기독교를 통해서 새로운 문화를 확립하고 힘을 키워야 외세를 경계할 수 있다고 제안하고 있다. 지금 남한과 북한을 보면 바로 이러한 차이가 보인다. 결국 문을 닫느냐 여느냐의 차이이다. 남한에서 문을 닫자고 하는 사람은 주로 '민족주의자'라고 불리며 남한에 끼친 미국의 영향을 비판적으로 본다. 반면 북한에서는 어떤 논쟁이 벌어지는지 알 수 없지만, 경제 문제를 극복하기 위해 문을 열자고 주장하는 사람이 있을 것이다. 그러나 글로벌화된 21세기에 문을 닫자는 주장은 거의 불가능한 일이고, 남한 사회에서는 민족주의자가 고령화되는 데 반해 북한은 조금씩 문을 열고 있기 때문에 100년 이상 지속돼

온 정치 철학 구도가 무너지고 있다.

　여기서 주목해야 할 것이 조선의 산업화·도시화는 일본의 제국주의적 전쟁이라는 국가사업과 관련이 깊기 때문에 신흥 부르주아가 유지하려 했던 정부와의 밀착 관계이다. 경제 기반이 농업에서 산업으로 이동하면서 일본의 눈치를 보는 친일파가 생길 수밖에 없었다. 친일파가 일본에 얼마만큼 동조했는지는 알 수 없지만, 일본 군국주의적 경제 제도 아래 이익을 봤고 그 이익을 유지하기 위해서 일본에 협력하거나 반대하지 않았다는 점은 분명하다. 그리고 친일파 산업가가 성공했기 때문에 성공하려고 하는 사람은 그들의 눈치를 봐야 했고 친일은 부(富)를 쌓는 지름길이었다. 그러나 부를 얻지 못한 계층에서는 오히려 반일이 강해졌다. 그래서 해방이 되었을 때 친일파에 대한 공격이 시작되었고 공산주의와 사회주의가 한반도에 빠르게 퍼졌다. 또한 1960년대의 공업화 과정에서 보여준 정부와 재벌의 밀착 관계는 일제 강점기에 형성한 자본주의와 깊은 관련이 있다.

　21세기 초가 되었지만 일제 강점기의 상처는 여전히 크고, 대한민국이 발전하면 할수록 그 상처가 커진다. 1961년에 일본을 잘 아는 박정희가 쿠데타를 일으켜 정권을 잡았다. 박정희는 일제 강점기에 만주에서 배운 것을 한국의 경제 발전에 적용하면서, 국력 패러다임으로 일본을 초월하자는 목표를 세웠다. 만약 그 패러다임이 실패했으면 일본이 주장한 자신들의 우수성과, 한민족이 무능하다는 서사가 힘을 얻었을 것이다. 그러나 한국이 일본형 '국력' 패러다임과 경쟁해서 이겼기 때문에 일제 강점기라는 상처가 더 아픈 것이다. 결국 일제 강점기가 역사적 '괴물'이었는데, 그 여파는 오늘날까지 한국 민족주의에 지속적으로 영향을 끼치고 있다.

열린사회의 적들

문제는 그 강한 민족주의가 한국 사회가 다문화하는 시대에는 맞지 않는다는 점이다. 시대는 열린 태도를 요구하고 있지만 뿌리 깊은 민족주의 때문에 배타적 태도가 강하다. 그 때문에 한국 사람은 외국인과 소통하는 데 장애가 있다. 그리고 외국인과 갈등이 생기면 심한 인종 차별로 폭발하는 경우도 있다. 한국에 사는 외국인은 아직 집단적 공격까지 받지는 않지만, 개인적으로 폭발하는 인종 차별 때문에 피해를 보는 외국인이 있다. 그리고 한국인과 이견이나 갈등이 없는 외국인도 늘 '손님'처럼 살기 때문에 '손님'의 틀에서 벗어나면 어려움을 겪는다.

강한 민족주의는 한국 안에서뿐만 아니라 뉴욕 퀸스의 한인촌 같은 해외 커뮤니티에서도 잘 나타난다. 1980~1990년대에 이민을 간 한국 사람은 지금 50대나 60대가 되었는데, 미국 사회와 거의 단절하고 산다. 물론 예외도 있지만, 한인촌에 필요한 것은 다 있고 영어 실력은 일상생활에 필요한 수준 정도이기 때문에 미국 사회의 구성원으로 참여하기가 어렵다. 특히 민주화 이전에 미국으로 이민 간 사람은 과거의 민족주의적 사고방식이 강하다. 2000년대에 들어오면서 이민은 줄었으나, 한인촌에 있는 젊은 사람은 그전 세대와 많이 다르다. 한국이 싫어서 이민을 간 사람도 있겠지만, 그보다는 자기 계발 목적으로 간 사람이 많고 영어를 더 적극적으로 공부했다. 특히 어릴 때 간 사람은 미국에서 학교를 다녔기 때문에 한국어와 영어를 할 줄 아는 이중 언어 실력이 있다. 그래서 한인촌에 살거나 사업을 해도 미국 사회와 소통을 잘한다.

상황을 좀 더 살펴보면 20~30대는 민주화 이후의 교육을 받은 것이 큰 영향을 미쳤고, 더 부유한 환경에서 자랐기 때문에 더 다양한 사람을 접할 기회가 많다. 어찌 보면 여러 기회를 통해서 젊은 사람은 '제3의 나'를 찾을 수 있는 기회가 많다. 교육이나 사회적 공론을 통해서 한국의 배타적 민족주의 의식을 완화하고 타자와 함께 살아가는 방법을 찾을 거라는 기대가 크다.

교육과 사회 공론화는 사실 긴밀한 관계이다. 여러 사례가 있지만, 고향 앤아버에서 내가 다녔던 와인스 초등학교의 사례를 들어보겠다. 앤아버 시(市)보다 앤아버 학군이 조금 더 크고, 학군은 인구별로 초등학교, 중학교, 고등학교 지역으로 나뉘어 있다. 앤아버는 여느 미국 도시처럼 흑인이 밀집해서 사는 지역이 있는데, 와인스 초등학교는 그 지역의 일부를 포함하고 있다. 1970년대 말부터 가속화한 젠트리피케이션 때문에 흑인 인구가 감소하기 시작했지만, 내가 초등학교를 다녔던 1967~1973년 당시 흑인 학생은 30퍼센트였다.

당시에는 흑인 인권 운동이 한창이었는데, 1960년 초 앤아버 학군에 첫 번째 흑인 선생님이 와인스 초등학교에 취임했고 이후 다른 흑인 선생님도 왔는데 그중 한 분이 6학년 때 나를 가르친 존슨 선생님이었다. 지금도 가장 잘 기억하는 선생님 중 한 분으로, 미국사 안에서 흑인 역사를 많이 가르쳤고 한 달

동안 흑인 역사에 대해 학생들이 리포트와 발표 과제를 하기도 했다. 나는 역사상 가장 규모가 큰 노예 폭동 지도자인 냇 터너(Nat Turner, 1800~1831)를 맡았던 기억이 있다. 그리고 더 인상적인 것은 존슨 선생님의 개인 이야기였다. 그는 앨라배마 출신이었는데 앤아버에 오기 전에 마틴 루서 킹 목사의 운동에 참여한 이야기를 들려줬다. 생생하게 기억하는 것 중 하나가 아이스크림 집에서 백인용 자리에 앉아 아이스크림을 시켰는데, 나가라는 뜻으로 직원이 그 아이스크림 위에 케첩과 겨자를 올려놓았다는 것이다. 학생들이 모두 놀란 표정으로 어떻게 했느냐고 물어봤을 때 선생님은 그냥 자리에 앉아서 아이스크림을 먹었다고 했다. 초등학교 6학년생에게는 인상적인 이야기였고, 지금도 어려울 때면 그 이야기가 떠오른다.

　나중에 대학에 진학하여 기숙사에서 생활하게 되었는데, 학생들과 이야기를 나누다 보면 흑인이 전혀 없는 학교를 나온 학생도 있었고 흑인의 역사를 거의 모르는 학생도 있었다. 미시간대 흑인 학생 하나가 흑인 학생 비율이 미시간 주 흑인 인구 비율보다 낮다면서 학교에 항의했을 때, 나는 그 이유를 이해하고 동정했지만 흑인을 거의 접하지 못했던 학생은 이해하지 못했다. 그래도 공론을 통해 학교가 개선의 조치를 도입했다. 미시간대와 관계는 없지만, 2015년에 '흑인 생명도 중요하다(Black Lives Matter)' 운동이 전국적으로 벌어지고 사회의 구조적 인종 차별을 공론화시키면서 2016년 대통령 후보가 인종 차별에 대해 더 관심을 갖게 된 것은 사실이다.

미국 외에도 제2차 세계 대전의 '주범국'인 독일은 전쟁의 원인 중 하나인 나치 정권의 파시즘을 청산하기 위해 노력했다. 특히 독일의 유대인 학살에 대한 역사 때문에 과감하게 대응했다. 그래서 민주주의 헌법에 보장된 표현의 자유에도 불구하고 나치 정권의 상징물은 금지되어 있고, 나치 정권을 찬양하는 출판물도 판단에 따라 금지할 수 있으며, 유대인 학살을 인정하지 않는 것도 법적으로 처벌할 수 있다. 이러한 법은 사회의 전반적 안정과 피해자의 행복을 지키기 위해서 필요하다는 사회적 공감 때문에 표현의 자유 문제에서 별다른 충돌이 없다. 그리고 독일은 유대인 학살과 관련해서 피해자에게 보상해주었고, 1972년 양국 교과서에 역사 기술을 검토하는 역사학자들로 구성된 '독일-폴란드 교과서 위원회(German-Polish Textbook Commission)'를 설립하여 지금까지 운영해오고 있다.

미국과 독일의 사례 말고도 많지만 무엇보다 중요한 것은 교육과 사회 공론을 통해 오래 이어져온 뿌리 깊은 편견을 없애고 새로운 사회적 가치관을 도입하고자 하는 노력이다. 즉 나라에서 주장하는 가치관과 이상에 못 미치는 뿌리 깊은 문제를 고치려 하는 것이다. 물론 그러한 노력을 사회공학(社會工學)까지 확대하면 개인의 인권을 침해할 수 있으므로 민주적 절차와 인권을 지키면서 해야 된다.

일본이 조선을 정복했기 때문에 한국의 역사의식에서 조선시대와 일제 강점기가 큰 비중을 차지하는 것은 어찌 보면 당연한 일이다. 즉 외세인 일본 이전에 '우리'가 만든 국가가 있었다는 사실을 강조함으로써 일제 강점기의 아픔을 완화할 수 있다. 그런데 여기서 문제가 되는 것은 일제 강점기 이후의 역사가 주변적 관심으로 밀려났기 때문에 분단을 통해 대한민국의 탄생 그리고 이후의 어려움 속에 나라를 만들려고 했던 노력에 서사가 정립되어 있지 않다는 점이다. 정치적으로 진보는 대한민국의 역사를 비판적으로 보려 하는 데 반해, 보수는 어려움을 극복한 부분만 인정하기 때문에 서로 공론할 수 있는 토대가 없다.

'제3의 나'를 만드는 기둥

따라서 지금이야말로 필요한 것은 대한민국의 역사에 대한 공론과 그 공론 속에서 나타난 과제를 어떻게 '고칠' 것인가에 대한 공감이다. 공론이 없는 상태에서 논의가 어려울 때, 두 가지 문제가 부각한다. 하나는 분단 과정과 그 의미이고, 또 하나는 거의 20년간 이어진 박정희 독재 정권에 대한 해석이다. 분단의 과정에서 외세가 개입한 것은 사실이고, 박정희가 자기 정권에 정통성을 심기 위해서 과잉 민족주의를 활용한 것도 사실이다. 이렇게 보면 민족주의는 일제 강점기의 당연한 산물이면서 박정희가 독자적으로 발전시킨 정치적 사상이며 그냥 생긴 것이 아니라 자기 입맛에 맞게 만든 것이다. 민족주의를 공동체의 지도자가 만든 것으로 볼 때 수동적인 생각에서 적극적인 생각으로 전환할 수 있다. 그렇게 하면 앞에서 논의한 것처럼 현재 한국의 민족주의 문제가 무엇인지, 21세기에 맞는 민족주의를 어떻게 만들 것인지를 알 수 있고, 그에 맞는 교육과 사회적 공론을 생각할 수 있는 자신감이 생긴다.

여기서 덧붙여야 할 것이 한국의 민족주의는 역사적 뿌리가 깊어서 한민족을 지키기 위해 고생했던 사람을 존중하면서 새로운 시대에 맞춰나가야 한다는 점이다. 그리고 그보다 중요한 것은 한민족이 중심을 이루어 만든 나라의 이익과 발전을 생각할 때 문화적 기둥이 있어야 한다는 것이다. 그러므로 민족주의는 이제 필요 없는 낡은 사상이라는 이분법을 피하는 것이 중요하다. 민족주의를 배타적으로 문을 닫자는 사상으로 이용하는 대신 자기중심이 되는 문화적 기둥을 세우는 데 도움이 되도록 전환해야 한다.

문화적 기둥은 뭘까? 그리고 그것은 어떻게 도움이 될까? 일본을 보면 알 수 있다. 일본의 문화적 기둥은 신도, 불교, 유교에서 나온, 오랫동안 발달한 혼합적 사상이다. 이것은 워낙 뚜렷해서 비교적 쉽게 다른 나라의 문물과 생활 방식을 수용할 수 있다. 즉 자기 문화적 중심이 강하고 그에 대한 자긍심이 있기 때문에 별 두려움 없이 외국 문물을 받아들일 수 있다. 아주 미시적인 사례이지만, 일본에서는 안내판에 영어를 적어 넣을 때 일본어 밑에 더 작은 글꼴로 놓는다. 영어가 먼저 나오거나 일본어와 같은 크기로 나오는 경우가 거의 없다. 과거에 한국 친구와 함께 일본을 여행할 때 그 친구는 이것이 일본의 폐쇄성의 증거라고 하면서 한국은 영어를 크게 해주는데 이것이야말로 글로벌 시대에 맞춘 외국인에 대한 배려라고 주장했다.

나는 반대로 한국은 자기 문화적 기둥이 더 약하기 때문이라고 생각했다. 한국의 국어가 한국어인 만큼 그 언어를 문화적 기둥으로 존중하는 것이 바람직한 민족주의가 아닌가 싶다. 문화적 기둥이 튼튼해지면 좀 더 자신 있게 외국인과 소통할 수 있는 것은 물론, 더 적절하게 외국 문화를 받아들일 수 있다. 무엇보다 앞으로 다문화 사회로 변하는 데 큰 도움이 될 것이다.

문화적 기둥 이야기는 '제3의 나'와 관계가 있다. 문화적 정체성이 뚜렷하면 남의 언어와 문화를 자신 있게 접하고 배울 마음의 여유가 있다. 그러나 스스로 자신을 사랑하지 않으면 다른 사람도 그를 사랑하기 어려운 것이다. 나의 경우에는 미국 사람으로서의 문화적 기둥보다 개인으로서의 정체성과 가치관이 뚜렷하기 때문에 다른 것을 만나도 차이를 인정하면서 두려움을 느끼지 않는다. 그래서 내가 하루 종일 영어로 말하는 것과 하루 종일 한국어로 말하는 것은 거의 차이가 없다. 유머 감각이나 감수성에서는 차이가 있겠지만, 나는 나이기 때문에 '나'를 전달하는 쪽에 초점을 맞춰 말한다. 결국 '제3의 나'를 가능하게 만드는 것은 개인으로서의 뚜렷한 정체성에서 나온다. 다음 장에서는 21세기의 건강한 개인으로서의 정체성과 민주 시민으로서의 사회적 책임에 대해 생각해볼 것이다.

제9장

미래 시민의
조건

2012년 체부동 어락당에서 전시한 '흐르는 골목'

개인주의 세대의 부상

지금까지 폭넓게 민주주의와 관련해서 한국 사회를 생각해봤다. 시민과 민주주의의 뿌리, 현재 사회에 미치는 정치 철학을 소개하고 나의 개인적인 경험을 통해서 본 한국 사회의 과제를 생각했다. 그다음은 앞으로 한국 사회의 발전에 부담이 되는 사회적 자본의 집중과 20세기에 발달한 배타적 민족주의를 생각해봤다.

이미 지적한 대로 21세기에 들어온 지 16년이 지나갔고 조금 있으면 2020년이 될 것이다. 1970년대에 내가 고등학교에 다닐 때만 해도 2020년은 공상 과학 소설에서 나올 만한 먼 미래였는데, 이제 바로 눈앞에 보인다. 한 세기의 '성격'이라는 개념은 애매하지만, 21세기는 국가의 힘이 약해진 '개인의 세계'라고 할 수 있다. 이는 1990년대에 IT가 발달하면서 글로벌화되기 시작하고, 2000년 후반부터 SNS가 발달한 결과이다. 이러한 기술 발전에 따라 개인이 표현할 수 있는 기회가 많아지고 다른 사람들과의 다양한 소통을 통해서 새로운 가치관이 형성된다. 이미 지적했듯이 한국의 20~30대는 21세기에 들어오면서 새로운 가치관을 창출하고 커다란 사회적 변화를 겪고 있다.

그런데 여기서 중요한 것은 그 가치관의 내용과 함께 그 내용이 더욱 건강한 사회를 만드는 데 어떻게 도움이 될 것인가이다. 과거보다 더 부유한 민주 사회에서 자란 20~30대의 새로운 가치관의 핵심은 개인주의이다. 즉 집단보다는 개인의 자아가 먼저이고, 그 자아의 선택에 따라 집단에 속한다. 한국에서 심한 세대 간 갈등의 원인은 자아가 약하고 집단주의가 강한 기성세대와, 자아가 강하고 집단주의를 꺼리는 젊은 세대의 의식 차이이다. 근본적으로 이것은 후진국과 선진국 그리고 독재 국가와 민주 국가의 차이에서 오는 것이다. 즉 386세대까지는 후진 독재 국가인 과거의 한국을 반영하는 것이고, 30대 이하는 선진 민주 국가인 한국을 반영한다. 386세대는 경계선에 있기 때문에 그 윗세대보다 물질적으로 더 부유하지만, 사고방식은 유신 체제 때 학교를 다녔기 때문에 집단주의가 강하다. 그 강한 집단주의 때문에 1980년대 민주화 운동 때 잘 뭉쳤고 1990년 IT 벤처 붐을 이끌었으며, 2000년대에 노무현 대통령을 열심히 지지했고, 2010년대에 들어와서도 사회에 대한 고발을 멈추지 않았다.

이에 비해 개인주의가 더 강한 젊은 세대는 개인의 행복을 찾는 데 힘을 써왔다. 그 행복은 주로 여행이나 취미 생활인데, 자신이 하고 싶은 것을 찾으면서 다른 이들과 유동적인 관계를 만든다. 즉 서로 관심 있는 부분은 느슨한 집단을 만들 수 있고, 서로 관심이 없는 부분은 사생활이라 여겨 더 이상 침해하지 않는다. 근본적으로 행복을 찾는 행위이지만 그 속에서 다른 이들과의 차별을 둔다. 예를 들면 2000년대 후반부터 강북에서 '뜨는 동네'가 계속 생기는데, 그 이유는 젊은 사람이 보여주는 다른 이들과의 차별성 때문이다. 2010년경 서울대 제자와 이야기하면서 삼청동에 사람이 많다고 지적하자, "아, 선생님, 요즘 애들은 삼청동에 많이 안 가요"라고 했는데, 차별성의 심리를 그대로 보여주는 예이다. 젊은 사람은 '뜨는 동네'에서 분위기 좋고 맛있는 커피나 맥주를 찾는다. 독특한 와인이나 양주를 파는 집 그리고 쉽게 찾을 수 없는 외국 음식을 파는 집도 인기 있다. 고전적인 관점에서 볼 때 이러한 소비 형태는 '과소비'나 '낭비'가 될 수 있지만, 젊은 사람에게는 개성의 표현과 정체성 형성에 중요하기 때문에 자연스러운 형태이고 어떻게 보면 필수적인 행위이다.

시간이 흐르면 집단주의가 강한 세대는 자연스럽게 은퇴하고, 개인주의가 강한 젊은 세대가 주류로 나설 것이다. 그렇게 되면 개인주의가 사회 지배적 가치관이 될 것이고 '국민성'도 바뀔 것이다. 그래서 지금 문제가 되는 심한 세대 간의 갈등뿐만 아니라 사회적 자본, 민족주의, 다문화 그리고 민주주의에 대한 시각이 달라질 것이다. 윗세대의 집단주의적 시각에서 볼 때 아랫세대는 '고생을 모르고', 사회적 자본은 안정을 위해서 필요한 것이며, 민족주의 역시 필연적인 것이며, 다문화는 타자 집단의 사회적 진입을 상징하며, 민주주의는 집단의 단결을 통해서 얻은 것이다. 즉 집단의 시가에서 보면 모든 것이 흑백 논리를 만들어내기 쉽다. 똑같은 현상을 젊은 세대의 개인주의적 시각에서 보면 윗세대는 편견이 심하고 마음이 닫힌

'꼰대' 또는 '개저씨'가 많다. 사회적 자본을 모아야 된다는 생각은 개성을 억제하고 사회적 다양성을 억제하는 낡은 사상이며, 다문화는 개성을 발휘할 수 있는 소비 대상이고, 민주주의는 다른 소비 대상처럼 선택에 따라 참여하는 것이다.

젊은 세대의 민주주의 소비법

그런데 여기서 중요한 것이 젊은 세대의 민주주의에 대한 태도이다. 개인의 창의성을 억제하는 무거운 집단주의에서 벗어나 삶의 자유와 다양성을 추구하며 한국 사회가 안고 있는 여러 문제를 극복할 수 있는 젊은 세대의 민주주의에 대한 이해는 오히려 문제가 있다. 민주주의는 누가 해주는 것이 아니라 공동체 안에서 만들어나가는 것이기 때문이다. 미국 헌법 작성에 참여했던 유명한 인사 가운데 벤저민 프랭클린(Benjamin Franklin, 1706~1790)이 있다. 독립 전쟁 때 첫 주(駐)프랑스 대사로 프랑스의 전쟁 지원을 얻는 중요한 역할을 하고, 1785년 미국으로 돌아와서 1787년 새로운 헌법 작성에 참여했다. 작업을 마친 뒤 필라델피아 독립 기념관에서 나와 결과를 기다리는 여자가 "어떻게 되었나요? 공화국인가? 왕국인가?"를 물었을 때 프랭클린은 "공화국, 지킬 수 있다면"이라고 대답했다. 이 명언은 당시 그리스의 민주주의, 로마 공화국의 소멸 그리고 프랑스의 18세기 정치 철학을 반영했지만 2010년대 한국에서 활발했던 '민주주의 후퇴' 논쟁에도 그대로 적용할 수 있다. 민주주의는 시민의 현명한 판단과 노력으로 지켜야 된다는 주장이 바로 그것이다. 이후 미국의 민주주의가 위기를 극복하면서 더 많은 사람을 포함하게 되었지만, 여전히 완성된 것은 아니기 때문에 프랭클린의 명언은 오늘날까지도 그 힘을 발휘하고 있다.

시민은 개인이지만 '개인의 자유와 해방'에 대한 책임과 함께 공동체 '집단의 힘과 번영'에 대한 책임도 있다. 이 두 책임 사이에 갈등이 생길 수 있지만, 그러한 갈등을 해소하기 위해 민주주의가 나온 것이다. 개인의 권리와 자유를 지키면서 공동체의 생존과 구성원의 공익 사이의 균형이 필요하다. 균형이 무엇인지는 법에 쓰여 있지 않고 인터넷에서 검색할 수도 없다. 그것은 공동체 구성원의 민주적 절차를 통해 나타나는 것이기 때문에 세대가 바뀌면서 해석이 계속 바뀐다. 민주주의에는 절차가 중요하지만, 더 중요한 것은 시민의 참여와 판단이다. 이것이 바로 민주 시민이 해야 할 의무이다.

그렇다면 개인 스스로는 어떻게 민주 시민이 될 수 있을까? 이 질문은 특히 젊은 세대에 중요하다. 386세대가 생각하는 민주 시민은 집단적으로 정치 운동에 참여하는 것이기 때문에 광화문에서 집회를 열거나 페이스북에서 운동을 주도하는 사람의 글에 '좋아요'를 누르는 것이다. 집회에 참여하고, SNS에서 동조하는 것은 여론에 영향을 미칠 수 있지만, 판단이 필요한 행동은 아니다. 누군가 선동하는 대로, 지시하는 대로 따라가면 되는 행동이다. 젊은 세대의 입장에서 볼 때 광화문 집회에 참여하는 것은 그 순간에 다른 이와의 연대감을 느끼며 본인이 사회 정의를 위해서 무언가를 했다는 데 의미를 둔다. 즉 그들에게는 '뜨는 동네'에서 맛있는 커피를 마시는 것과 촛불 집회에 참여하는 것 둘 다 개인이 하고 싶은 소비 행위이기 때문에 별 차이가 없다.

민주 시민이 되면 작은 단위에 참여하여 다른 이들과 소통하면서 실제적 영향을 미칠 수 있다. 사회봉사 활동도 자연스럽게 주위 사회에 대한 관심을 갖는 것이다. 가장 작은 단위는 학교, 동네, 단지인데, 결정이 필요한 것도 있고 봉사할 것도 많다. 그보다 상위에 있는 지역도 마찬가지로 참여할 수 있는 기회가 많다.

서촌에서 지역 활동을 시작한 것은 이런 마음에서였다. 물론 동네의 미래와 관련된 치명적 이슈인 재개발이 불씨가 되었지만, 재개발하지 않고 동네를 현 상태로 유지하면서 주민의 불편을 완화하는 방법을 찾고 싶었는데, 그렇게 생각하는 사람은 재개발 지지자의 압력이 무서워 조용히 지내는 것을 보고 한국의 민주주의는 아직 갈 길이 멀었다는 것을 느꼈다. 그처럼 중요한 이슈에도 불구하고 재개발을 반대하는 시민의 의사를 반영할 수 있는 제도나 절차가 없어서 아쉬웠다. 결국 당시 오세훈 시장의 압력으로 재개발은 무산되었다.

서촌주거공간연구회 활동을 할 때도 시민의 의사를 반영하는 절차가 충분하지 않다는 걸 피부로 느꼈지만, 회원의 활발한 참여가 깊은 인상을 안겨주어 미래에 대해 낙관적으로 보기 시작했다. 그 모임뿐만 아니라 박원순 시장이 취임한 뒤 주민 활동이 공식적으로 인정받으면서 더욱 풍성해졌다. 서촌에서 활동하는 동안 다른 지역에서 일어나는 일도 조금 파악했는데, 많은 시민이 활발히 참여하는 것을 알게 되었다. 일본은 2000년대 초에 새로운 비영리 단체(NPO) 법인이 시행하고 나서 시민의 참여가 활발해졌다. 이렇게 볼 때 시민이 참여할 수 있는 제도와 절차를 만들면 시민의 참여가 활발해진다. 그리고 많은 활동이 작은 단위에서 이루어졌기 때문에 시민은 다른 이들과 소통하면서 자신이 잘 아는 내용 중심으로 활동한다.

이러한 긍정적인 변화에도 불구하고 민주주의가 뿌리 깊이 내리기 위해서는 좀 더 활발한 주민 활동이 이루어져야 한다. 활동하는 시민은 열심이지만 관심이 없는 시민도 여전히 많다. 특히 개인주의가 발달하여 공동체 의식이 얕은 젊은 층은 주민 활동을 또 하나의 소비로 생각하기 때문에 그 소비의 재미가 사라지면 활동을 멈출 것이다. 많은 젊은이들이 공동체를 집단주의처럼 생각하기 때문에 시민 활동을 꺼린다. 반대로 윗세대는 공동체 의식이 강하지만 집단주의적 생각 때문에 민주주의의 기본이 되는 개인의 의견을 존중하지 않아서 민주적 절차의 중요성에 대한 이해가 부족하다.

그러므로 여기서 중요한 과제는 시민 활동에 참여하는 것이 소비가 아니라 공동체에 속한 민주 시민으로서의 책임이라는 것을 깨닫는 것이다. 아테네 민주주의에서 참여는 의무가 아니었지만, 참여하지 않은 사람은 '바보'로 취급받았듯이 시민 활동을 하지 않은 사람은 무책임한 사람이다. 아테네에서 참여는 의무가 아니었지만, 투표 참여를 의무적으로 하는 나라가 22개국이고 그중 11개국은 벌금을 문다. 오스트레일리아는 1924년에 투표 의무 제도를 도입하여 지금도 시행하고 있다. 투표하지 않은 사람은 벌금을 내야 하는데 투표율이 선진국 가운데 가장 높은 94퍼센트이다. 투표는 몇 년에 한 번 하는 것이지만 시민 활동의 기본이기 때문에 의무화하면 민주 시민의 책임을 느낄 수 있는 기회가 된다.

집중에서 분산의 구조로

그러나 투표의 의무화보다 더 중요하고, 아주 어려운 변화는 제7장에서 논의했던, 오랜 역사에 걸쳐 내려온 권력의 집중이다. 권력이 집중되어 있을 때 부의 집중은 당연히 따라온다. 그리고 민주주의적 측면에서 보면 권력이 집중되어 있기 때문에 시민이 적극 참여할 수 있는 기회가 더 많아질 것이다. 대한민국은 정치권력이 대통령을 중심으로 집중되어 있고 국회의 힘이 비교적 약하다. 그리고 지방 자치 단체가 세금을 물릴 수 있는 권리가 한정되어 중앙 정부에 의존하게 되어 있다. 그래서 서촌 재개발 문제의 경우, 지역에서 시민의 열린 대화와 활동을 통해 결정한 것이 아니라 '우리 한옥 보존'이라는 업적을 원한 시장의 결정에 의해서 재개발이 무산되었다. 그전의 이명박 시장도 자신의 화려한 업적을 만들려고 청계천 공원화 사업을 '밀어붙였다'. 지금 와서 그 업적은 좋게 보이지만, 문제는 그 업적의 내용이 아니라, 위에서 일방적으로 내리는 의사 결정 방식이다.

이 문제를 해결하기 위해서는 권력 분산과 권력에 대한 경계가 필요하다. 2000년쯤 한 택시 기사와 이야기하는데 "한국 사람은 때리지 않으면 말 안 들어" 하면서 "대통령제가 우리나라 사람의 정서에 맞는다"고 말했다. 반론할 수 있는 자리가 아니어서 그냥 듣기만 했다. 그러나 좀 더 생각해보면 이 말은 옛날 독재 시대엔 맞을지 몰라도, 지금 한국 사람의 '정서'는 아니다. 오히려 지금은 사람을 때리면 도망가거나 법적 보호를 구할 가능성이 더 높다. 그리고 앞에서 논의했듯이 젊은 세대의 '정서'가 달라졌기 때문에 권력이 집중된 대통령제에 대한 거부감이 크다.

그에 대한 대안으로 연방국 또는 내각제 도입을 검토할 만하다. 독일이 대표적인 연방국이고, 스위스나 벨기에 같은 한국보다 면적이나 인구가 훨씬 작은 나라가 연방국이다. 한 예로 연방제를 도입하면 독일처럼 교육 내용을 각 시·도가 담당하게 되면서 지역의 요구를 반영하는 교육을 도입할 수 있고 전국의 교육 내용이 조금씩 달라지면 서로 자극이 될 수 있다. 그리고 연방국에는 '4대 강'과 같은 국가 사업이 시민의 의사를 반영하는 협력 없이는 못할 것이다.

2016년 초에 네덜란드를 여행하면서 일주일간 벨기에도 여행했다. 벨기에는 프랑스어와 네덜란드어를 함께 사용하는 국가인데 20세기 후반 들어 두 언어권 사이의 갈등이 심각해져서 나라를 유지하기 위해 프랑스어 지역, 네덜란드어 지역 그리고 네덜란드 지역 안에 프랑스어가 공용어인 수도 브뤼셀, 이렇게 세 지역으로 나누어 연방국을 만들었다. 한국은 언어나 문화적 갈등이 없지만, 권력이 집중되어 있는 것은 벨기에의 언어 문제처럼 나라의 발전에 짐이 되기 때문에 반드시 해결되어야 한다. 연방국은 그 대안 중 하나이다.

스위스처럼 역사적인 이유로 자연스럽게 연방국이 된 나라도 있지만, 정치 권력 집중 문제를 해결하기 위해 연방국을 채택한 나라 중에 미국과 독일이 중요하다. 미국은 1776년 영국과의 오랜 전쟁을 통해 독립했지만, 인구와 경제 구조가 많이 다른 13개 주의 권력 균형을 확보하기 위해 연방제를 선택했다. 당시 가장 우려했던 점이 인구나 경제 규모가 큰 주가 패권을 갖게 되면 다른 주를 지배할 수 있다는 것이었다. 그런 이유로 연방제에 상원과 하원을 분리하여 상원은 각 주에 두 명, 하원은 인구 비율로 구성되어 있다. 이렇게 하면 상원에서 각 주의 힘이 균형을 갖기 때문에 규모가 작은 주는 서로 지키기 위해서 힘을 모을 수도 있고 역사상 그런 일이 많았다.

독일은 19세기부터 생긴 독재주의적 경향, 제1차 세계 대전 그리고 나치 정권과 제2차 세계 대전의 경험으로 정치권력을 분산해야 한다는 생각으로 연방제를 선택했다. 독일은 19세기 후반에 통일하면서 강대국으로 떠올랐지만, 정치권력 전통이 오래되었기 때문에 가능한 대안이었을지도 모른다. 20세기 전반에 두 번의 큰 전쟁에서 패한 독일은 그전의 역사보다 강력한 중앙 집권에 익숙한 터여서 연방제는 그러한 정치 풍토를 없애기 위한 현실적 선택이었다. 그리고 독일은 연방국이어서 1991년에 동독이 붕괴할 때 새로운 주로 쉽게 편입시킬 수 있었다. 미국과 독일은 역사에 맞게 새 나라를 만들기 위해 정치권력 분산의 길을 택했는데 한국도 그런 선택을 할 수 있다.

정치권력이 분산되면 정부와 재벌의 관계가 달라지겠지만, 그전에 법적으로 재벌을 분산해야 한다. 미국은 20세기 초에 대기업을 분산했는데 가장 유명한 사례가 석유 시장을 거의 독점하다시피 한 존 D. 록펠러(John D. Rockefeller, 1839~1937)의 스탠더드 오일(Standard Oil)이다. 일본 역시 제2차 세계 대전 직후 재벌을 강제로 분산하고 토지 개혁을 하면서 일본의 중산층이 확대될 수 있는 환경을 마련했다. 한국은 경제 발전에 전념하기 위해 세계 시장에서 맞설 수 있는 재벌을 그대로 놔두고 있다. 급성장기에는 세계 시장에 진입할 때 필요한 정책이었을지 모르지만, 창의성과 융통성을 요구하는 21세기의 현실엔 맞지 않을뿐더러 정치권력의 집중처럼 국가 발전에 짐이 된다. 중소기업, 벤처 기업 그리고 새로운 기업이 자랄 수 있는 환경이 필요한데 재벌의 영향이 너무 강해서 그렇게 하지 못하고 있다.

세계적으로 보면 내각제가 대통령제보다 많고, 선진국 중에서는 미국만 대통령제이며 프랑스는 대통령제와 내각제를 혼합한 것이다. 내각제의 장점은 총리 독자적인 존재가 아니라 시민에 더 가까운 의회에 존속되어 있다. 권력에 대한 집착이 강한 총리는 의회의 힘으로 하야시킬 수 있는데, 1990년 말에 오만해진 영국 총리 마거릿 대처(Margaret Thatcher, 1925~2013)를 하야시킴으로써 권력에 대한 집착을 경계했다. 반대로 제2차 세계 대전 때는 단결을 보여주기 위해 보수당과 노동당이 '전쟁 내각(war cabinet)'을 만들었다. 이렇듯 내각제는 지도자의 권력을 경계하면서, 국가 위기에 대한 대응이 빠르다. 권력에 집착하는 지도자뿐만 아니라, 민의를 잃은 지도자를 쉽게 처리할 수 있다. 일본의 경우 2011년 3월 11일 대지진의 뒤늦은 정부 대응과 위기관리 능력에 대한 국민의 신뢰가 떨어지면서 간 나오토(菅直人) 총리가 책임을 지고 9월에 사임했다. 책임을 지고 사임하거나 임시 선거를 통해 민의를 물을 수 있기 때문에 민의가 더욱 잘 반영되는 것이다.

연방제, 재벌 해체, 내각제의 공통점은 큰 권력을 분산하고 더 작은 단위 중심으로 움직이는 정치·경제 활동 구조이다. 이것은 '큰 것'을 좋아하는 한국 사람에겐 이질적 이야기이다. 이 현상의 원인은 얼핏 생각하면 역사적 뿌리가 깊지만, 좀 더 파고 들어가보면 의문이 생긴다. 한국은 삼국 시대도 있었고, 고려 시대에는 불교와 군(軍)이 힘이 있었으며 몽골 지배도 받았고 조선 시대에는 왕의 권력이 절대적이지 못했다. 사상적으로 여러 파벌이 생겼고 이들 사이의 갈등 관계도 있었는데, 이것은 역사상 많은 왕국과 비슷한 경험이다.

한국 사람의 '큰 것'에 대한 관심은 19세기 말 제국주의에 제대로 대응하지 못해서 나라를 빼앗긴 트라우마 때문이다. 즉 당시 힘이 있었으면 식민지가 되지 않았을 터인데, 힘은 '큰 것'에서 나온다. 나라, 회사, 학교 등은 크면 클수록 안전하고 남의 지배를 받기 어려울 것이다. 그러나 '큰 것'만으로는 안전하지 못하고 큰 지도자가 필요하다. 그런 사람을 '민족 지도자'라고 한다. 사실 북한을 보면 '민족 지도자'가 큰 나라 미국에 대한 저항을 통해 나라의 안전을 확보한다는 이미지를 활용해서 국가의 정통성을 만들고 있다. 박정희도 비슷한 '민족 지도자' 인상을 활용해서 정통성을 찾았지만, 미국이라는 큰 나라와의 관계 때문에 한계가 있었다. 그 한계를 극복하기 위해 '반공' 이데올로기를 활용했지만, 한국 사람은 여전히 '큰 것'에 대한 집착과 저항이 동시에 있어서 1980년대에 반미 감정이 퍼지면서 미국 이민과 유학도 함께 확산되었다.

'큰 것'만 바라보는 현상은 문제 해결의 틀을 좁힌다. 새로 무언가를 하려면 다양한 정보를 접하고 지속적인 공론이 필요한데, 한국은 그것이 너무 부족하다. 정치권력 분산으로서의 연방제, 민의를 더욱 잘 반영하는 내각제 그리고 경제를 활성화하기 위한 재벌 해체는 출발부터 논의에서 배제된 채, 있는 패러다임 안에서만 논의하게 된다. 또한 미국을 중심으로 큰 나라의 사례만 보게 된다. 여기서 흥미로운 현상 중 하나가 미국 사례를 크게 들면서 일본 사례를 조용히 모방하는 것이다. 이 책에서는 미국 이야기를 많이 했는데, 그것은 어쩔 수 없이 내가 미국에서 태어나고 교육을 받았기 때문에 잘 아는 내용을 쓰게 되었지만, 미국 말고 다른 나라에서도 이 시대의 문제를 해결하는 데 도움이 될 만한 사례를 찾을 수 있다.

그중에는 네덜란드나 벨기에처럼 인구 밀도가 높고 면적이 작은 나라의 사례도 있고, 아일랜드나 폴란드처럼 다른 나라의 침략과 지배를 받은 나라의 사례도 있고, 스페인이나 포르투갈처럼 독재를 타도하고 새로 민주화한 나라도 있다. 그 외 남미처럼 빠르게 도시화한 나라의 사례도 있고, 독일처럼 환경 문제에 공헌하는 제도와 기술 사례도 있다. 그리고 무엇보다 중요한 것은 한국은 분단 국가이다. 냉전 시대의 유일한 분단 국가인데, 다른 나라가 어떻게 통일했는지에 대한 사례도 참고할 만하다. 1990년대에는 독일 통일이 관심을 끌었지만, 아쉽게도 한국에서는 이 역시 보수와 진보의 갈등으로 끝났다. 보수는 독일처럼 흡수 통일을 주장하는 반면에 진보는 흡수 통일이 부적절하다고 주장하고 있다.

2016년 네덜란드와 벨기에를 여행하면서 크든 작든 거의 모든 도시의 원도심(原都心)이 활기 찬 모습을 보고 최근 한국에서 화제가 되는 '원도심 살리기'에 참고할 만한 사례가 많다고 생각했다. 예를 들면 17세기에 제주도에 표류했던 헨드릭 하멜(Hendrick Hamel, 1630~1692)의 고향인 호린험(Gorinchem)은 인구 3만 5000명의 작은 지방 도시인데, 원도심은 한국이나 일본의 비슷한 규모인 어느 도시보다 건강한 상태이다. 큰 도시보다 빈 가게가 많지만, 주민의 편의를 위한 가게가 모두 있고 서로 인사하는 주민이 자주 보인다. 인구 12만 명을 넘는 오래된 대학 도시 레이던은 학생이 많지만, 원도심은 건강하고 가게 사이에 공공 문화 시설이 있어서 많은 이들의 시선을 끌고 있다.

인구 25만 명이 사는 벨기에의 헨트(Ghent)는 원도심이 매우 활발하고 다양한 볼거리가 많다. 헨트가 형성된 중세 말기에 지은 유명한 성당이나 종탑이 있고 슈퍼마켓과 같은 주민을 위한 근린 상업도 있으며 관광객을 위한 가게도 있다. 내가 머물렀던 곳 근처엔 인도 식당, 벽지 전문점, 생활사 박물관, 디자인 박물관, 맥줏집, 관광 기념품 등 다양한 시설이 있었다. 원도심의 오래된 경관이 워낙 아름다워서 밤이 되면 각 건물이 자정까지 라이트업이 된다. 밝은 거리는 사람에게 안정감을 주기 때문에 더욱 활기차다. 그리고 헨트는 유럽에서 가장 큰 보행자 전용 도심 지역이 있어서 차 걱정 없이 다닐 수 있다.

한국 대도시의 원도심이 죽어가면서 최근 '원도심' 살리기가 화제가 되었는데, 논의 중에 유럽 사례가 언급되는 경우가 거의 없다. 헨트의 원도심은 1980~1990년대에 쇠퇴했지만, 시에서 라이트업 계획, 보행자 전용 거리 등의 계획을 세우면서 활기를 되찾았다. 호린험은 작은 지방 도시로 원도심이 크게 쇠퇴하다가 2000년대부터 이를 살리는 작업이 시작되었는데 헨드리크 하멜을 기념하는 하멜의 옛 집터의 하멜 하우스가 그 맥락에서 지어졌다. 네덜란드나 벨기에 이외에도 유럽에는 원도심을 살리는 많은 프로젝트가 있다.

시민, 진화한 민족의 형태

여기서 중요한 점은 역사로 인하여 구속되지 않은 것이다. 즉 현재의 과제를 해결하기 위해서는 새로운 방법을 채택할 자신감과 도전 의식이 필요하다. 한국에 민주주의가 없기 때문에 민주주의를 포기하지 않았듯이 넓은 틀 안에서 변화에 대한 공론을 기피하면 안 된다. 안정을 위해서 사회적 자본을 모아야 된다는 압박감 때문에 왜곡되는 가치관을 어떻게 해결할까? 그리고 공동체 의식 안에 존재하는 배타적 집단주의를 어떻게 해결할까? 21세기에 남은 80여 년 동안 어떤 '한국'을 만들어 나갈 것인가? 이 질문에 대한 답을 찾기 위해서는 폭넓은 공론이 필요한데, 그러기 위해서는 민주주의가 깊이 뿌리내려야 한다.

더 깊은 민주주의를 위한 제도적 변화는 시민의 의사를 더 잘 반영하기 위한 것으로서, 그렇게 하면 시민이 더 관심을 갖고 시민 활동을 통해 정치에 참여할 것이라고 기대할 수 있다. 그런데 이렇게 참여할 수 있는 풍토를 마련하는 것은 일부이다. 동시에 어릴 때 받는 교육은 민주 시민의 정체성을 육성하도록 구성되어야 한다. 일본은 제2차 세계 대전 이후 파시즘의 뿌리를 뽑기 위해 '평화 교육'을 도입했는데, 내용은 주로 민주 교육, 반군사 교육 그리고 국제 이해 교육이었다. 물론 한국 사람의 입장에서 볼 때 일본은 식민지 기간을 비롯해 전쟁 중의 피해에 대한 책임과 반성이 충분하지 않아서 오늘날까지 계속 논쟁이 되고 있지만, 전쟁의 원인이었던 파시즘과 군사 문화가 다음 세대에 전해지지 않도록 교육했다. 독일은 물론 파시즘과 군사 문화를 없애기 위해 더욱 강한 교육을 도입했다.

한국은 민주화하면서 민주주의에 대한 교육 그리고 민주 시민을 육성하기 위한 교육을 도입했지만, 2000년대부터 스펙을 요구하는 교육이 확산하면서 다른 교양적 내용과 마찬가지로 관심이 약해졌다. 동시에 사교육이 확산되었는데 사교육은 대학 입학을 위한 시험 준비 교육이나 사회적으로 필요한 스펙 교육에 초점을 둔다. 사회적인 공론은 보수층의 뿌리 깊은 권위주의적 교육관 때문에 건설적인 논의가 되지 못했다. 결과적으로 민주화 운동을 모르는 젊은 세대는 민주주의에 대한 이해가 깊지 않아 2008년부터 민주주의의 후퇴에 대한 SNS에서 감정적인 글을 올리는 것 이외에는 별 반응이 없으며 민주 시민으로서의 정체성이 약하다.

그런데 한국에서 민주주의 교육이 어려운 이유 중 하나가 전통에 대한 역사관 때문이다. 조선은 일본의 침략으로 무너졌고 그 후 일본은 식민 통치를 정당화하기 위해서 조선과 조선이 섬긴 중국이 '후진'이었다는 것을 강조했다. 해방 이후에는 일제 강점기의 영향을 없애려 했는데, 그중 하나가 '민족 자존심' 회복이었다. 특히 박정희 때 활발했다. 그래서 조선이 '후진하다'는 역사관을 '조선이 위대하다'는 역사관으로 바꿨다. 그리고 이와 관련해서 조선은 '우리 민족의 전통'이라는 인식이 확산되었고, 1970년대에 대학가에 유행한 '우리 것 지키기' 문화 운동은 주로 탈춤, 구비 문학 등 그동안 외면했던 조선 시대 문화유산에 대한 관심이 많았는데, 이는 1980년대 학생 운동에 영향을 미쳤다. 1990년대부터 경제적 여유가 생기면서 전통에 대한 관심이 소비로 변하여 내가 참여했던 한옥 보존에도 영향을 미쳤다. 그리고 한국이 선진국 대열에 진입하면서 오래 지속된 문화적 열등감이 부분적으로 사라지고 조선 왕조는 '자부심'의 상징이 되어 조선을 비판적으로 보는 것은 '친일 역사관'이 되었다.

문제는 조선 역사에서 민주주의의 뿌리를 찾을 수 없다는 것이다. 게다가 조선은 노예가 있었고, 미국의 1865년과 브라질의 1888년보다 늦은 1894년에 금지되었다. 그리고 19세기 중반에 빨리 변하는 세상에 대응하지 못하는 바람에 일본과 서양의 제국주의적 침투를 막을 수 있는 힘을 키우지 못했다. 그래서 중요한 것이 조선에 대한 균형 있는 역사관이다. 조선이 무조건 '위대하다'면 민주주의의 위상은 작아지고, 보수적 권위주의를 지키기 위해 이러한 조선 시대의 사상을 악용할 수도 있다. 반면 조선이 무조건 '후진하다'면 친일적 역사관을 재생

하는 것이고 자랑스러워할 만한 부분을 무시하게 된다. 균형 있는 역사관을 만들려면 조선의 전통뿐만 아니라 외래 사상인 민주주의도 '우리의 자랑스러운 것' 중 하나가 되어야 한다.

바다 건너 한국으로 들어온 민주주의를 '우리의 자랑스러운 것'이라는 서사에 포함시키면 더 귀중하게 생각할 것이고, 가르치기도 더 쉬울 것이다. 중요한 것은 다음 세대가 비록 한국 역사에는 민주주의의 뿌리가 없지만, 한국 사람이 싸워서 스스로 얻은 것임을 자랑스럽게 생각해야 되고, 앞으로 민주 시민으로서 이를 지켜나가야 한다는 확신이다.

이것은 민족주의 문제를 해결하는 데에도 도움이 된다. 이미 지적한 것처럼 한국 민족주의의 기본 문제는 개방의 문을 닫으려는 배타성이다. 1960년대부터 한국의 번영은 여러 원인이 있지만, 그중 가장 큰 것이 무역이다. 무역뿐만 아니라 다양한 대외 교류를 통해 많은 한국인이 외국으로 나갔고, 또 많은 외국인이 한국으로 왔다. 한국인은 대외 교류 없이는 살 수 없기 때문에 문을 닫으려는 배타적 민족주의는 그러한 교류에 장애가 될 수 있으므로 생각의 전환이 필요하다. 즉 대한민국의 국가 기반이 '민족'에서 '가치관'으로 바뀌어야 한다. 현재 대한민국의 가장 큰 문제는 나라가 있지만 나라보다 민족이 중요하고, 민족이 중요하기 때문에 아직까지도 집단주의가 강하다. 이런 낡은 구도를 극복하기 위해 민주주의를 핵심의 가치관으로 삼는 것은 큰 도움이 될 것이다.

선진국 중에 민족 기반을 지키는 나라는 한국과 일본밖에 없는데 두 나라 모두 고령화 때문에 위기에 빠져 있고, 21세기에 적응하는 데 어려움을 겪고 있다. 얼핏 보면 일본이 더 심한 상태인 것처럼 보이지만, 일본은 혁명이라고 할 수 있는 메이지 유신 이후 개방의 문을 열고, 제2차 세계 대전 때 보여준 과잉 민족주의에 대한 비판적 의식이 강하기 때문에 적응력이 잠재해 있다. 일본이 이민자들을 받아들이지 못하고 있는 것은 자신들이 중요하게 생각하는 사회적 통합이 붕괴할 거라는 두려움 때문이다. 반면 한국은 겉으로는 일본보다 적극적으로 이민자들을 받아들이고 있지만, 배타적 민족주의로 이민자를 끝까지 타자로 보기 때문에 사회 통합이 불가능하다.

그러나 민족 대신 공동체의 가치관이 나라의 기반이 되면 그 가치관을 수용하는 사람은 누구나 사회 구성원인 '국민'이 될 수 있다. 대한민국은 한민족보다 모든 사회 구성원이 공유할 수 있는 가치관이 있어야 되고, 여기서 가장 중요한 것이 민주주의와 그 바탕이 되는 자유이다. 이러한 전환은 쉬운 일이 아니지만, 민족주의가 강했던 독일과 영국 그리고 프랑스를 참고할 만하다. 독일은 특히 최근에 이민을 많이 받아들였는데 이것은 21세기 후반의 인구 감소를 완화하기 위한 것이다. 영국과 프랑스는 이민 때문에 오히려 인구가 증가하는 추세이며 영국은 이민, 프랑스는 높은 출생률이 원인이 되겠는데, 두 나라의 인구는 2060년엔 독일을 추월할 것이다. 이 나라는 이민을 수용하는 데 어려움이 있었지만, 어느 정도 인구의 균형을 지켰기 때문에 젊은 세대의 부담을 줄이면서 경제의 활기를 살려 사회 통합을 걱정하는 일본보다 미래가 밝다.

민주주의를 어렵게 도입한 것은 한국의 자랑이지만 IT 역시 또 하나의 자랑이다. 한때 민주주의와 IT의 관계에 대한 연구가 활발했다. IT를 통해서 시민의 참여나 정보의 공개 등 많은 기대를 했는데, 최근 들어서는 그런 이야기를 잘 들어보지 못했다. 그러나 일상생활과 행정에 IT를 빨리 도입했기 때문에 어찌 보면 1990년대 식 표현으로 'e정부'의 실험장이 되었다. 다른 나라가 많이 따라왔지만 한국은 경험을 더 쌓았으므로 'e민주주의'의 실험을 할 만하다. 현재 한국뿐만 아니라 거의 모든 나라의 민주주의 절차가 20세기 그대로인데, 이것은 근본적으로 대표를 뽑고 대표가 의회에서 시민의 의사를 반영하는 식이다. 옛날엔 그럴 수밖에 없었지만, 지금은 IT가 발달하여 시민의 의사를 직접 반영할 수 있다. 대표가 아무리 성실해도 모든 시민의 의견을 들을 수 없고 의견이 강한 사람이 정치제도를 잘 활용하는 이익 단체의 의견으로 좌우한다.

흥미로운 사례로 서울역 고가 도로 공원화 제안은 오랫동안 논쟁이 되었다. 박원순 시장의 공약이었는데, 남대문시장 상인 일부가 반대하고 나서면서 서울시 대 남대문 상인의 갈등 구도가 되었다. 이 논쟁에서 서울시 의회의 역할은 없었고, 시민은 민원이나 서울시 공무원의 연락 통로밖에 없었다. 이런 경우 시민의 투표로 결정하면 오랜 갈등을 피할 수 있고 좀 더 민주적인 방법으로 결정할 수 있다. 선거는 대표를 뽑는 것뿐만 아니라 중요한 현안과 관련해서 서울 시민의 찬반을 물을 수 있는데 IT를 활용하여 더 쉽게 참여할 수 있는 선거 방법을 만들면 다른 선진국에 중요한 전례가 될 수 있다.

서울의 미시적 정치를 논의하면서 1980년대 미국의 토머스 '팁' 오닐(Thomas 'Tip' O'Neill, 1912~1994) 하원 의원장 생각이 난다. 1980년, 로널드 레이건은 대통령에 당선되자 과감한 개혁을 시작했다. 당시에는 민주당이 하원의 과반수를 차지했기 때문에 오닐 의원장과 자주 부딪혔다. 그러나 오닐은 오랜 정치 경험을 살려 필요할 때는 대통령과 타협을 하기도 했다. 오 닐은 "모든 정치는 로컬(local)이다"라는 명언을 남겼는데, 이 장에서 언급한 내용과 관련이 깊다. 여기서 다룬 권력의 분산 과 경계, 민주 시민으로서의 참여 의식, 그리고 민족 국가에서 민주 공동체로서의 정체성 전환은 국가적 차원에서 정책을 만 드는 것도 중요하지만 풀뿌리 운동을 확산시켜 로컬에서 시민 의 참여를 통해 실천하는 것이 좀 더 현실적이다.

그런데 로컬에서의 시민 참여를 생각하다가 전혀 생각지 못 한 흥미로운 발견을 했다. 그것은 바로 노무현 대통령이다. 노 무현 대통령과의 개인적인 인연은 없었고, 대통령 후보에 당 선되었을 때 일본에 있었기 때문에 잘 몰랐다. 잘 모르면서 늘 생각한 것이 국제적으로 잘 알려진 김대중 대통령보다 지도력 이 약하고 위상도 낮은데 왜 그렇게 인기가 있었을까였다. 2009년 자살한 것은 너무 슬픈 사건이라 술자리에서 그 이야 기가 나오면 듣기만 하고 화제가 빨리 바뀌었으면 좋겠다고 속으로 생각했다.

노무현의 존재를 처음 알게 된 것은 1988년 혜화동 한옥에 살 때였다. 문간방에 마산에서 올라온 총각이 살았는데 당시 노무현 의원 비서실에서 일했다. 일 때문에 매일 밤늦게 들어왔는데, 제5공화국 비리 특별 조사 위원회 청문회가 열릴 때 특히 더했다. 청문회를 다 보지 못했지만, 한동안 화제가 되어 친구와 함께한 술자리에서 노무현 의원 비서와 같은 집에 산다고 자랑하기도 했다. 청문회를 보면서 1973년 미국 상원 워터게이트 특별 위원회의 청문회 생각이 났다. 노무현 의원의 날카로운 질문도 인상적이었다. 그러고 나서 1990년대 후반, 일본에서 교수 생활을 할 때 한국의 국제 대학원은 외국인 교수가 없다면서 말뿐인 '국제화'라는 기사를 흥미롭게 읽었는데, 보도 자료가 노무현 의원실에서 나왔다고 쓰여 있었다. 일본은 외국인 교수가 많고 한국보다 더 열려 있다는 것을 전하고 싶어서 한국을 방문했을 때 연락했고, 비서를 만나 한국과 일본 대학에 대해 이야기를 나누었다. 비서실에는 386세대가 많았는데 나이가 나와 비슷해서 그런지 대화를 나누는 데 격의가 없었다.

어떻게 보면 노무현 대통령은 대한민국이라는 나라의 성과와 과제의 또 다른 비유라고 생각했다. 분단이 고착화되는 1946년에 태어나 일제 강점기 이후 태어난 첫 번째 대통령이고, 대한민국 건국 후 첫 번째 교육을 받은 대통령이었다. 노무현 대통령까지는 이승만 대통령을 제외하고 모든 대통령이 일제 강점기에 교육을 받았다. 노무현 대통령의 20대는 경제 성장이 시작되던 1960년대였는데 미래를 향하는 시대였다. 노무현 대통령은 가난한 집안 형편 때문에 학교를 많이 결석해서 중학교와 고등학교를 겨우 졸업했다. 그리고 막노동을 하면서 어렵게 사법 시험 공부를 하고 1975년에 유일한 고졸 출신으로 합격했다. 노무현이 경험한 이런 어려움은 많은 한국 사람이 겪어온 길인데, 그렇게 할 수 있었던 이유는 뚜렷한 목적을 세우고 열심히 공부하면 출세할 수 있다는 믿음 때문이었다. 주위에 꿈 있는 사람이 많았고, 고도 경제 성장 때문에 물질적으로도 어느 정도 풍요를 느낄 수 있었던 '코리안 드림'의 시대였다.

노무현 대통령은 '코리안 드림'을 믿고 최선을 다하면서도 그 속에서 모순을 봤기 때문에 정치에 관심을 갖게 되었다. 즉 본인은 '코리안 드림'을 믿고 성공했지만, 정치적 또는 경제적 이유 때문에 '코리안 드림'을 이루지 못한 사람이 많았던 것이다. 그리고 변호사 생활을 하면서 권력의 남용을 직접 보고 싸웠기 때문에 권력을 남용하는 것에 매우 예민했다. 1980년대 민주화 운동이 확산되자 이러한 관점에서 참여했고, 좀 더 나은 희망의 사회를 만들기 위해서 권력과 부의 집중, 즉 '강남' 문제를 고민했다. 그래서 대통령이 되었을 때 '강남'의 반발이 컸고, 그 때문에 탄핵을 당하기도 했다. 보수 언론과도 계속 불화가 있었다. 그런 와중에도 싸움보다는 권력의 분배, 지방의 번영 등을 생각하여 세종시 건설을 포함해 여러 대안을 제시했다. 그러면서 권위주의를 타파하기 위해 열린 정책을 많이 도입했는데 그 상징적이 예의 하나로 오랫동안 폐쇄되어 있던 청와대 뒤 북악산 산책길을 시민에게 개방했다. 같은 맥락에서 김대중 대통령이 시작한 '햇빛 정책'을 이어받아 추진했다.

노무현 대통령은 임기 중에 하고 싶은 일을 다하지 못하고, 아쉽게도 이후 '강남'의 분배와 더욱 깊은 민주주의의 실현에 대한 논의가 사라지면서 그의 생애를 통해 본 '코리안 드림'도 사라질 지경이다. 시대는 다르지만, 지금이야말로 시민의 활발한 참여로 노무현 대통령이 추구했던 열린 민주주의를 실천할 때 또 다른 '코리안 드림'을 새로 꿀 수 있을 것이다.

마치면서

2015년 말, 미국은 2016년 대통령 선거 민주당과 공화당의 경선 선거철이 되었다. 1984년 선거 이후 계속 외국에서 살았기 때문에 32년 만에 국내에서 선거 분위기를 경험하게 된 것이다. 2015년 초에 양당의 기득권 세력은 자기 이익을 대변하기 편한 후보인 빌 클린턴 전 대통령의 부인 힐러리와 조지 W. 부시 전 대통령의 동생인 조지 H. W. 부시 전 대통령의 아들 젭 부시가 별 경쟁 없이 지명될 것이라 여겼고, 두 사람의 본선 경합을 예상하고 있었다. 나는 둘 다 싫어했는데, 특히 부시가(家)의 권력 욕심에 대한 반감이 컸다. 둘 다 후보로 지명되면 제3당에 귀중한 한 표를 던지겠다는 마음을 먹었다.

그런데 2015년 여름 민주당 후보로 버몬트 주 상원 의원 버니 샌더스(Bernie Sanders, 1941~)가, 공화당 후보로는 부동산 대부 도널드 트럼프(Donald Trump, 1946~)가 출마했다. 이 소식을 듣고 둘 다 가능성이 거의 없는데 왜 출마했는지 궁금해했다. 그러나 가을이 되면서 상황이 바뀌기 시작했다. 버니 샌더스를 알아보면 볼수록 그가 주장하는 정책이 마음에 들었다. 그 내용의 핵심이 기득권 세력의 영향으로 위기에 빠진 미국의 민주주의를 회복하기 위해서는, 샌더스의 말을 빌리면 '정치 혁명(political revolution)'이 필요하다는 것이었다. '정치 혁명'을 통해 미국의 많은 사회 문제의 원인이 되는 빈부 격차를 줄이고, 불공평한 의료 보험 제도를 개선하고, 공립 대학 교육의 무료화 같은 사회 민주주의적 정책 도입을 주장했다. 버니 샌더스는 스스로를 '사회 민주주의자'라고 부르면서 미래의 비전을 북구와 같은 복지 국가에 두었다.

예전 같았으면 스스로 '사회 민주주의자'라 부르고 이러한 정책을 주장하면 극단 좌파로 여겨 표가 거의 나오지 않았지만, 2015년 말에는 샌더스가 힐러리를 위협할 정도로 인기가 올라갔다. 가장 큰 원인은 힐러리가 상징하는 낡은 정치와 기득권 세력에 대한 강한 반감 때문이다. 2016년 경선에 몇 개 주에서 승리하며 민주당 내에 열풍을 일으켰지만, 힐러리의 기득권 지지가 워낙 단단해서 조금씩 지지율이 떨어져 3월 현재로서는 후보 지명의 가능성이 희박하다는 관측이 나오고 있다.

버니 샌더스에 빠져들면서 앤아버의 지지 모임에 나갔고, 1980년 공화당 경선에서 패한 존 B. 앤더슨(John B. Anderson, 1922~) 하원 의원의 무소속 선거 운동에 참여한 이후 처음으로 특정 후보를 위한 정치 활동을 시작했다. 가을에는 앤아버 시내에서 샌더스 후보에 대한 선전물을 배포하고 TV 토론 때 지지자 파티를 준비하는 일을 도왔다. 비록 작은 활동이었지만, 미래에 대한 희망을 주는 행동이었다. 샌더스의 당선 가능성이 높지 않다는 걸 알고 있었지만, 내가 속한 공동체 중 하나인 미국의 미래에 책임을 느끼면서 내 생각을 표현하고 싶었다. 함께 선거 활동을 한 사람도 비슷한 생각으로 열심히 참여했다. 그리고 무엇보다 당선 가능성이 높지 않은데도 자기가 지지하는 후보를 위해 정치 활동을 하는 모습을 보며 미국의 시민 의식이 건전하다는 것을 느꼈다.

그런데 공화당에서는 민주당과 달리 당내 기득권과 싸운 도널드 트럼프가 2015년 말부터 젭 부시에게 인신공격이 가득한 비판을 계속 퍼붓는 바람에 부시의 인기가 계속 떨어져 2016년 처음 몇 주의 경선에서 4위에 머무르다가 결국 2월 말에 후보에서 사퇴했다. 트럼프는 자신만의 카리스마와 낡은 정치에 대한 공격적인 비판으로 서민의 인기를 얻어 3월 현재 공화당 경선에서 선두를 지키고 있다. 그러나 트럼프는 대통령이 될 자격과 자질이 없다는 여론이 강하기 때문에 공화당 후보로 지명되어도 본선에서 이길 가능성이 높지 않다는 관측이 지배적이다.

나 역시 도널드 트럼프는 정치 경험이 없고 무책임한 발언을 계속해서 대통령으로서의 자질이 없다고 생각했다. 물론 기득권자인 젭 부시를 공격할 때 속으로 박수를 쳤지만, 트럼프의 가장 큰 문제는 대통령의 권력이 무엇인지 모른다는 것이었다. 미국 헌법에 따르면, 대통령은 왕처럼 무한한 힘을 가진 권력자가 아니라 시민이 간접적으로 선정하고, 한정된 권력을 행사할 수 있다. 트럼프는 이 근본적 사실을 모르기 때문에 대통령이 되면 대통령의 정해진 권력을 무제한으로 남발하여 탄핵 대상이 될 가능성이 높다.

여기서 중요한 질문은 대통령의 자격과 자질이 없는 트럼프가 어떻게 공화당 경선에서 선두를 지킬 수 있었을까 하는 것이다. 지지자가 모두 '바보'라는 설명은 지나치게 감정적이다. 많은 서민이 트럼프를 지지했기 때문에 이 설명이 맞는다면 서민은 '바보'가 된다. 단순한 정치적 설명보다는 이 시대의 불안이 정치적으로 폭발했다는 것이 타당한 설명이 될 것이다. 즉 미국도 한국과 관련해 이 책에서 논의했듯이, 권력의 집중으로 인한 사회 분열이 심하다. 트럼프는 미래에 대한 희망을 느끼지 못하는 시민의 분노를 이용하여 가속화하고 있다. 물론 트럼프만 시민의 분노를 이용하는 것은 아니지만, 그는 이민자와 이슬람 신자 등에 대한 차별적 발언으로 사회 분열을 더욱 조장하는 무책임하고 위험한 정치가이다.

또 다른 측면이 있다. 트럼프는 공화당 후보 중에서 SNS를 가장 잘 활용하고 있다. 충격적 발언을 계속 쏟아내면서 관심의 대상이 되었다. 후보 TV 토론 때도 충격적인 발언과 막말을 섞어 분위기를 조성하는 바람에 다른 후보의 발언 시간이 줄었다. 이 과정에서 경선의 핵심 주제는 정책이나 미래 비전이 아니라 트럼프와 그의 막말이 되었다. 소외를 느끼는 서민은 한풀이로 박수를 치면서 그를 지지하게 되었다.

그런데 개인적으로 SNS를 사용하면서 비슷한 경향을 봤다. 예를 들어 페이스북에 감정적인 발언을 했을 때 '좋아요' 수는 차분한 정보를 전달하는 발언보다 더 많다. 얼마 전 박근혜 대통령의 기자 회견을 비판하는 트윗에 "이게 기자 회견이라고?"라는 댓글을 달고 리트윗했는데, 내가 리트윗한 것은 순식간에 100개 이상의 리트윗이 되었다. 보통은 그렇게 감정적인 트윗을 하지 않지만, 미리 질문을 받는 식의 기자 회견에 대한 반감이 커서 갑자기 감정적인 트윗을 했는데 갑자기 '뜬' 것이 신기했다. 몇 시간 뒤 그 트윗의 리트윗 수를 보고 거친 극단주의가 이 시대를 얼마나 지배하는지 피부로 다가와 슬퍼졌다.

트럼프는 이러한 극단주의를 잘 활용하고 있지만, 다른 나라도 비슷한 몸살을 앓고 있기 때문에 앞으로 제2, 제3의 트럼프가 여기저기서 나타날 것이다. 시대가 이런 까닭에 이 책에서 극단주의를 피하고 가능한 한 차분하게 이야기하려 했고, 이 책을 읽고 나서 댓글이나 '좋아요'가 없었으면 하는 마음으로 썼다. 거친 극단주의를 활용해야 성공하는 이 시대에 반하는 지루한 생각일 수도 있지만 극단주의는 민주주의의 적이다. 그래서 트럼프 같은 정치가, 댓글과 '좋아요'의 극단주의적 발언을 즐기는 네티즌, 그리고 이러한 것을 팔아먹는 매체가 민주주의를 위협하고 있다.

지금까지 폭넓게 민주주의와 관련해서 한국 사회를 생각해 봤다. 시민과 민주주의의 뿌리, 현재 사회에 미치는 정치 철학을 소개하고, 나의 개인 경험을 통해 본 한국 사회의 과제를 생각했다. 그다음은 앞으로 한국 사회의 발전에 부담을 주는 사회적 자본이 집중된 '강남' 문제와 20세기에 발달한 배타적 민족주의를 생각해봤다. 그리고 무엇보다 나라의 정체성은 '개인의 자유과 해방'과 '집단의 힘과 번영'이 균형을 이루는 '깊은 민주적' 가치관으로 전환되어야 된다고 주장했다.

그리고 미국의 두 번째 대통령인 존 애덤스(John Adams, 1735~1826)의 말을 기억해야 한다. "보라, 민주주의는 길게 가지 않는다. 금방 썩고 활기를 잃고, 자살을 한다. 여태까지 자살하지 않은 민주 국가는 없다." 이것은 미국에 대한 이야기이지만, 한국에 대한 이야기일 수도 있다. 이 책을 통해 민주주의가 얼마나 귀중하고 부서지기 쉬운 것인지를 이해하는 데 도움이 되었으면 한다. 또한 무엇보다 민주주의를 지키는 일은 시민의 관심과 노력에 달려 있다는 것을 거듭 강조하고 싶다.